암탉, 엄마가 되다

개성 강한 닭들의 좌충우돌 생태 다큐멘터리

암탉, 엄마가 되다

ⓒ 김혜형, 김소희 2012

2012년 4월 26일 처음 찍음
2025년 4월 25일 여덟 번 찍음

글·사진 김혜형 | 그림 김소희 | 디자인 달뜸창작실, 이인옥
펴낸곳 낮은산 | 펴낸이 정광호 | 편집 강설애 | 제작 세걸음
출판 등록 2000년 7월 19일 제10-2015호
주소 10881 경기도 파주시 회동길 216 202호
홈페이지 www.littlemt.com | 이메일 littlemt2001ch@gmail.com
전화 (02)335-7365(편집), (02)335-7362(영업) | 전송 (02)335-7380
제판·인쇄·제본 상지사 P&B

ISBN 978-89-89646-77-8 73520

* 잘못 만들어진 책은 바꾸어 드립니다.
* 이 책의 무단 복제와 전재를 금합니다.
* 책값은 뒤표지에 표시되어 있습니다.

암탉, 엄마가 되다

김혜형 글·사진 | 김소희 그림

낯은산

1부 암탉, 엄마로 거듭나다

꼬꼬닭장 첫 이야기 11
꽃순이 가출 사건 20
개와 닭 사이 28
소심한 귀여니 37
장가온 수탉 41
꽃순이의 첫 병아리 50
삐약이의 일기 54
쥐 습격 대소동 58
못 말리는 얼룩이 64
한 지붕 두 가족 71
병아리의 세월 74
암탉들의 우정 80
재수 좋은 날 84
아들닭 장가가다 90
겨울나기 102

2부 병아리, 사랑으로 살다

새봄의 꽃병아리 111
무녀리 구출 작전 117
치유의 품 124
날개깃의 비밀 128
엄마가 된 순둥이 131
자연식이 좋아 135
보리의 두 번째 닭장 습격 140
꼬맹이의 기적 150
얼룩이의 속셈 158
빨간발 치유기 164
꼬질이 수난사 174
사랑하고 늙어 가네 183

붙는 이야기 188
나가며 198

꼬꼬닭장가족들

꼬맹이(수평아리)

무녀리(수평아리)

빨간발(수평아리)

꼬질이(수탉)

새내기(암탉)

닭 훼방꾼 삽살개 보리

자, 이제 꼬꼬닭장으로 들어가 볼까요?

1부

암탉, 엄마로 거듭나다

꼬꼬닭장 첫 이야기

안녕! 내 이름은 지수예요. 나는 도시에서 태어나고 자랐지만, 5년 전 엄마 아빠를 따라 시골로 이사 온 후부터 지금까지 시골에서 쭉 살고 있어요. 처음엔 가까이 슈퍼마켓도 없고 밤이면 칠흑처럼 캄캄한 이곳이 낯설고 맘에 들지 않았어요. 하지만 개와 닭을 키우게 되면서 시골 생활이 점점 좋아졌답니다.

나는 또래에 비해 키가 좀 작은 편이에요. 남들이 나를 너무 어리게 볼 때는 조금 속상해요. 친척 어른들은 내가 고기를 먹지 않아서 키가 크지 않는 거래요. 하지만 그럴 때마다 엄마는 나더러 걱정 말라고 하세요. 단백질과 칼슘은 곡류나 채소에도 많이 들어 있다고요. 내가 좋아하는 두부 반찬과 현미밥에도 단백질이 많고, 깻잎과 고춧잎과 무청에는 칼슘이 많대요. 나는 그 말에 한

결 안심이 되었어요.

나는 고기는 별로 좋아하지 않지만 달걀은 잘 먹어요. 엄마 아빠가 닭을 키워 달걀을 얻자고 하신 것도 나한테 양계장의 달걀을 계속 사 주기엔 썩 맘이 편치 않아서 시작된 일이랍니다. 어쨌든 닭을 키우는 건 찬성, 대찬성이에요!

자, 닭을 키우려면 닭장부터 지어야겠죠?

아빠와 엄마는 땔감으로 모아 둔 나무들 중에서 적당히 가늘고 곧은 것을 골라내서 길이를 재고, 톱으로 자르고 뚝딱뚝딱 못질을 했어요. 반나절 만에 원두막 비슷한 모양이 만들어졌어요. 여기에 횃대와 둥우리 선반을 달고, 철망을 펼쳐 두르고, 드나드는 문짝까지 달았답니다. 재료가 부족해 우선 지붕은 덜 씌운 상태로, 닭장 완성!

때마침 장날이라 닭을 사러 장에 갔어요. 나는 엄마 따라 장에 가서 닭과 병아리, 아기 고양이, 강아지, 아기 염소 등을 구경하는 게 제일 신 나요. 할 수만 있다면 다 우리 집으로 데려오고 싶지만, 그럴 수는 없으니 꾹 참아야 해요. 우리는 달걀을 품어 병아리를 깔 수 있는 암탉 두 마리와 수탉 한 마리를 골랐어요.

엄마 아빠가 직접 닭장을 만들었어요. 그리고 장에 가서 암탉 두 마리와 수탉 한 마리를 사다가 넣어 주었답니다.

닭장에 볏짚을 깔아 해로운 바이러스들이 생기지 않도록 했어요. 햇살 잘 들고 바람 잘 통하게 만들었으니 환기도 잘 될 거예요.

"요즘에는 알을 품어 병아리를 깔 수 있는 암탉이 드물어. 사람들이 암탉의 유전자를 조작해서 엄마가 되는 본능을 없애 버렸거든. 달걀을 많이 낳게 하려고 말이야."

엄마의 말에 나는 깜짝 놀랐어요. 암탉이 병아리를 못 깐다니!

"그럼 병아리는 누가 까요?"

"부화 기계에서 깨어나지. 대부분 그래."

나는 어쩐지 슬퍼졌어요. 난생처음 세상에 나와 눈떴을 때, 내 옆에 엄마가 없다면 어떤 기분일까요? 아, 생각하기도 싫어요.

어쨌든 우리 집에 온 암탉들은 어미 품에서 자랐고 새끼도 품을 줄 아는 토종닭이라니 참 다행이에요.

엄마와 아빠는 작년 가을에 갈무리해 둔 볏짚을 닭장 바닥에 깔기로 했어요. 볏짚을 깔면 바닥이 보송보송해서 닭에게 해로운 바이러스들이 침범하지 못한대요. 또 나중에 닭똥이 많아지면 볏짚째 긁어내서 밭 거름으로 활용하면 되니, 이거야말로 일석이조라고 할 수 있죠!

엄마는 요새 닭장에 대한 공부를 많이 하신 것 같아요. 닭장은 무엇보다 바람이 잘 통하고 햇살이 고루 들어야 한다고 주장하세요. 그래야 냄새가 나지 않는다나요.

그런데, 닭장에 볏짚을 까는 중에 사고가 났지 뭐예요! 볏짚을 막 뿌려 주는 순간 놀란 암탉 한 마리가 '푸드덕!' 횃대를 디딤대 삼아 튀어 오르더니, 터진 지붕으로 날아올라 뒷산 숲으로 사라져 버린 거예요!

온 식구가 사라진 닭을 찾으러 나섰어요. 뱀이라도 나올까 무서워서 긴 장화도 신고 작대기를 들고 숲 속을 헤집고 다녔어요. 저 멀리 암탉의 까만 꽁지가 보여요.

"저기 있다!"

하지만 암탉은 야속하게도 더 멀리 사라져 버렸어요. **빽빽한**

나무 덤불숲 때문에 한 걸음 걷기도 힘든데, 암탉은 이제 꽁지 끝도 안 보여요.

"에고…… 포기다."

우리는 터덜터덜 집으로 돌아왔어요.

간밤엔 천둥 번개가 치고 비도 많이 왔어요. 나는 집 나간 암탉 걱정으로 잠이 오지 않았어요. 엄마는 암탉이 배가 고파 돌아오지 않을까 싶어 닭장 근처에 먹이를 뿌려 놓았어요. 그렇게 하루 종일 목을 빼고 기다리던 끝에 반가운 모습이 눈에 들어왔어요!

"어어…… 저기!"

까만 장독들 너머 닭장 옆으로 암탉 한 마리가 빼꼼 모습을 드러냈어요. 춥고 배고픈 숲에서 밤새 비 맞으며 헤매다 보니, 친구들 생각이 났나 봐요. 기웃기웃 닭장 안을 들여다보더니, 철망에 고개를 들이밀며 들어가고 싶어 애를 태웁니다. 닭장에 들어갈 수 없자 이번엔 창고 쪽으로 갑니다. 창고 입구에도 모이를 놓아두었거든요.

암탉이 모이를 쪼면서 창고 안으로 슬금슬금 들어가는 모습을

언제 나갔냐는 듯이 닭장 안에만 콕 박혀 있는 암탉. 집 나간 암탉이 돌아오면서 닭장은 다시 평온을 되찾았답니다.

부엌 창문으로 내다보던 엄마가 "이때다!" 하고 재빨리 뛰쳐나갔어요. 엄마는 창고 안으로 성큼 들어서서 퇴로를 막고, 푸드덕거리는 암탉의 양 날개를 와락 움켜잡았습니다.

"앗싸!" 아빠랑 나는 엄마를 향해 박수를 쳐 주었어요.

집 나간 암탉이 돌아오면서 닭장은 다시 평온을 되찾았답니다.

암탉 가출 사건 이후, 나는 닭장 문 앞에 매일같이 쪼그리고 앉아서 둥우리에 들어간 암탉이 알 낳는 순간만을 목이 빠져라 기

우리 집 암탉이 낳은 첫 유정란!

이 달걀이 바로 내가 처음 만난 달걀이에요! 따끈따끈한 첫 유정란이지요! 달걀을 만지면 표면은 거칠거칠하지만 부드럽고 따뜻한 온기가 느껴져요.

다렸어요. 그러던 어느 날, 둥우리 속 암탉이 몸을 곧추세우면서 힘을 모으는 게 느껴졌어요.

"어어…… 낳으려나?"

나는 닭장 철망 앞으로 얼굴을 바짝 갖다 댔어요. 바로 그 순간, 닭 꽁무니에서 노란 달걀이 쑤욱 빠져나오는 걸 딱 보고 말았지 뭐예요!

아, 내가 처음 만난 달걀이에요! 수탉과 짝짓기를 해서 낳은 따끈따끈한 첫 유정란이라고요! 하하하.

꽃순이 가출 사건

　수탉 울음소리에 새벽마다 잠을 설치던 엄마는 장날에 수탉을 돌려주고 암컷 중병아리 두 마리를 데려오셨어요. 꽁지깃도 채 안 나온 소녀 닭들이에요. 나는 닭들에게 이름을 지어 줬어요. 오자마자 꾸벅꾸벅 졸던 애는 '졸졸이', 한쪽 귀에 피딱지가 엉긴 애는 귀가 열리라고 '귀여니'.

　그런데 먼저 온 암탉들이 툭하면 중병아리들을 콕콕 쪼아요. "빡빡!" 여린 비명을 지르며 닭장 구석으로 쫓겨 다니느라 중병아리들은 모이와 물도 맘 놓고 먹지 못해요. 나는 엄마한테 중병아리들을 닭장 밖으로 내보내 주자고 졸랐습니다.

　"지수 너 병아리 엄마가 다 됐구나? 알았다."

　중병아리들한테 풀 뜯어 주고 모이 챙겨 주느라 틈만 나면 닭

새로운 식구가 왔어요! 엄마는 장날에 수탉을 돌려주고, 암컷 중병아리 두 마리를 데려오셨어요. '졸졸이'와 '귀여니'. 닭장에 닭들이 많아졌어요.

자보 계통의 몸집이 작은 닭을 '꽃닭'이라 불러요. 우리 집에 온 꽃닭은 아주 새까만 흑자보 암컷이에요. 깃털이며 생김새가 무척 우아하죠?

장 근처에서 놀았더니만, 엄마는 나더러 글쎄 '병아리 엄마'래요. 아무리 그래도 난 남잔데!

어쨌든 이 조치는 아주 잘한 것 같아요.

자유롭게 풀어 놓아도 중병아리들은 닭장 근처를 떠나지 않아요. 물과 모이도 잘 먹고, 지렁이도 잡아먹고, 내 옆에서 갸우뚱갸우뚱 애교까지 떠는걸요. 목덜미를 살살 만져도 가만있는 게 정말 사랑스러워요.

귀여니와 졸졸이가 온 며칠 뒤, 가까운 이웃 아주머니께서 키우던 꽃닭을 주셨어요. 원래는 암수 한 쌍이 있었는데, 수컷이 어느 날 밤 쥐에게 항문을 갉혀 그만 세상을 떠난 뒤 고고한 과부 꽃닭 홀로 남았대요. 자보* 계통의 몸집이 작은 닭을 흔히들 '꽃닭'이라 불러요. 우리 집에 온 꽃닭은 아주 새까만 흑자보 암컷이에요. 생김새가 정말 꽃처럼 앙증맞으면서도 예뻐요. 우리는 이 닭을 '꽃순이'라 부르기로 했답니다.

그런데 꽃순이가 우리 닭장에 온 지 두어 시간도 안 되었을 때,

---

* 베트남이 원산지이고 일본에서 개량된 닭의 한 품종

아빠가 별 생각 없이 닭장 문을 열어 주고 말았어요. 꽃순이는 이 기회를 놓치지 않고 쪼르르 빠져나갔지요.

한동안 꽃순이는 중병아리들이랑 흙을 헤집으며 뒤꼍을 돌아다녔어요. 그런데 막상 해가 지니 다른 닭들은 다 닭장으로 들어가는데, 꽃순이만 숲으로 가서 나무 위로 포로롱 올라가 버리는 거예요. 마치 작은 새처럼요.

손전등을 들고 뒤꼍 숲으로 가서 나무 위를 이리저리 비추다가 나뭇가지 위 엉킨 덤불 틈에서 자고 있는 까만 녀석을 발견했습니다. 이때가 아니면 잡을 수 없다고 생각한 엄마가 손전등을 비추고, 아빠는 까치발을 하며 두 손을 힘껏 뻗었어요.

"꽤액-꽥!" 푸드덕푸드덕! 한바탕 까만 날개깃이 퍼덕거리며 요동을 치는가 싶더니……, 이윽고 아빠는 힘없이 빈손을 떨구고 말았어요. 꽃순이는 어둠 속으로 사라졌답니다.

닭들은 원래 귀소본능이 강해요. 바깥에 풀어 놓아도 해만 지면 반드시 집으로 돌아온답니다. 하지만 갓 데려온 닭은 만 하루 정도는 닭장 안에 두어야 해요. 그래야 그곳이 자기 집인 줄 확실히 알거든요. 그것도 모르고 너무 일찍 풀어 줬다고 엄마한테 잔

소리를 들은 아빠는 엄마 눈치만 살살 봤답니다.

다음 날. 우리 가족은 꽃순이가 나타나길 온종일 기다렸지만 그림자조차 볼 수 없었어요. 어젯밤 소동에 너무 놀라 다시는 이쪽으로 발길도 안 하려나 봐요. 꽃순이를 붙잡으려고 했던 게 오히려 화근이 된 거예요. 다시 기회가 올까요? 그 까맣고 예쁜 녀석이 닭장 안에서 작고 동그란 알을 낳는다면 얼마나 좋을까요?

가출 3일째가 되어서야 꽃순이가 모습을 드러냈습니다. 엄청 반가웠지만 일부러 나가 보지 않았어요. 행여 놀라 달아나면 안 되니까요. 경계심이 어찌나 강한지, 가을걷이가 끝난 뒤꼍 들깨밭의 절반을 넘어오지 않아요. 마치 거기에 군사 분계선이라도 있는 것처럼요. 보이지 않는 경계선 부근에서 한참을 서성이던 꽃순이는 이내 숲으로 돌아가 버렸습니다.

그래도 여기 나타났다는 건, 희망이 있다는 거죠!

가출 4일째. 이번엔 경계심을 좀 풀었는지 닭장 가까이 다가왔어요. 닭장 근처를 살살 맴돌며 근처에 뿌려 둔 모이를 주워 먹더니 또 숲으로 사라져 버립니다. 희망은 점점 또렷해지고 있어요. 나는 가슴이 두근두근 뛰었어요.

가출 3일째가 되어서야 꽃순이가 모습을 드러냈습니다. 경계심이 어찌나 강한지, 뒤꼍 들깨밭의 절반을 넘어오지 않아요.

가출 4일째. 경계심을 좀 풀었는지 닭장 가까이 다가왔어요. 하지만 근처에 뿌려 둔 모이만 주워 먹고 사라져 버립니다.

그리고 가출 5일째. 꽃순이가 또 왔습니다.

닭장 문은 활짝 열려 있었어요. 자유롭게 닭장을 드나드는 중병아리들이 마침 닭장 안에서 모이통의 모이를 쪼아 먹고 있었지요. 꽃순이는 닭장 입구까지 다가가 이리저리 살피더니, 닭장 안으로 폴짝 뛰어올라 들어갔어요. 그리고 모이통으로 다가가 중병아리들과 함께 모이를 쪼아 먹기 시작했지요.

이 기회를 놓칠쏘냐!

엄마는 뒷문으로 살금살금 나가서 들깨밭을 에돌아 닭장 쪽으로 접근, 순식간에 닭장 문을 닫고 빗장을 걸어 버렸습니다. 하하!

드디어 꽃순이를 가까이서 볼 수 있게 되었네요. 보면 볼수록 예쁘지 뭐예요. 자그마하면서도 무척 우아해요.

"꽃순아, 이제부터 여기가 네 집이야. 우리 함께 살자. 며칠만 적응하면 이곳이 무서운 곳이 아니라는 걸 알게 될 거야. 그러면 곧 풀어 줄게. 배고플 땐 모이를 줄게. 푹신한 둥우리에서 알도 낳아. 낮엔 흙 목욕을 하고, 벌레도 잡아먹고, 자유롭게 돌아다니다가 밤에는 안전한 집에 돌아와서 족제비 걱정 없이 편히 자. 겁먹지 말고 함께 살자."

며칠 동안 식구들 애를 태우던 꽃순이, 이제 드디어 우리 닭이 된 거 같아요.

꽃순아, 얼른 집에 돌아와서 친구들이랑 지내렴.

개와 닭 사이

온 세상이 꽁꽁 얼어붙은 12월의 어느 날이었어요. 무심코 부엌 창밖을 내다보던 엄마는 닭장 안에 우리 집 삽살개 '보리'가 들어가 있는 걸 보고 기겁을 하셨어요. 어쩌다 목줄이 풀린 보리가 닭장 문을 부수고 뛰어들었던 거예요.

보리는 닭들을 아주 미워해요. 평소에도, 길다란 목줄이 팽팽해질 정도로 닭장 가까이 접근해서 닭들을 향해 잡아먹을 듯이 짖곤 했어요. 사냥개의 본능이 숨어 있나 봐요. 보리랑 닭이랑 함께 평화롭게 어슬렁거리는 뜰을 상상해 보곤 했는데, 그 모습이 현실이 되기엔 틀려먹은 것 같아요.

엄마가 보리를 닭장에서 끌어냈을 땐 이미 두 마리의 왕언니들이 희생된 뒤였답니다. 우리 집의 첫 암탉들은 이렇게 어이없이

보리는 닭들을 아주 미워해요. 닭들이 눈앞에 얼씬거리기만 해도 잡아먹을 듯이 짖곤 해요. 사냥개의 본능이 숨어 있나 봐요.

떠나고 말았어요.

"흑, 보리 미워!"

그나마 천만다행으로 중병아리 졸졸이와 귀여니, 그리고 꽃닭 꽃순이는 보리를 피해 산으로 도망쳤다가 해질녘에 무사히 돌아왔어요. 세 마리의 암탉만 남은 닭장이 쓸쓸해요.

그로부터 얼마 후, 엄마는 장에 갔다가 새 식구들을 데려오셨어요. 영락없는 시골 아줌마 모습인 토실토실 '얼룩이'와, 머리털을 곧추세운 펑크스타일로 한껏 멋을 낸 신세대 아가씨 '오골이'!

몸집 큰 얼룩이는 오자마자 기선을 제압해 닭장의 서열 1위 '넘버원'이 되었어요. 순하디 순한 오골이는 꽃순이한테 텃세 구박을 당하고 있고요. 그리고 중병아리였던 졸졸이와 귀여니는 첫 알을 낳기 시작했답니다. 드디어 암탉이 된 거예요!

오전에 닭장 문을 열어 주면 닭들은 행복한 발걸음으로 바삐 흙 마당으로 흩어져요. 닭이 얼마나 흙 목욕을 좋아하는지, 닭을 키워 보면 알 수 있답니다. 닭이란 원래 흙을 파헤치고, 흙과 풀과 벌레를 쪼아 먹고, 흙 목욕을 하며 살아가는 동물이거든요.

왜 흙 목욕을 하고, 흙을 먹을까요? 닭들은 흙 목욕을 하면서

첫 암탉 두 마리가 보리에게 희생된 뒤, 새로 온 암탉 식구들. 영락없는 시골 아줌마 모습인 토실토실 '얼룩이'와 머리털을 곤두세운 펑크스타일로 한껏 멋을 낸 '오골이'!

뭐니 뭐니 해도 닭들은 따뜻한 햇볕 아래서 흙 목욕을 할 때가 가장 행복해 보여요.

깃털 안의 온갖 기생충들을 시원하게 털어 내요. 또 닭이 삼키는 흙과 모래는 몸속 '모래주머니' 안에서 모이를 으깨고 부수는 역할을 한답니다. 우리가 이로 음식을 꼭꼭 씹는 것처럼 말이에요.

하지만 세상의 수많은 닭들이 흙을 밟으며 살고 있지는 못해요. 몸을 돌릴 수도 없는 비좁은 철망 안에 빽빽하게 갇혀서 갖가지 약품으로 범벅이 된 사료를 먹고, 밤낮도 분간할 수 없는 환한 불빛 아래서 빠른 속도로 달걀을 뽑아내다가, 쓸모없어지면 일찌 감치 죽임을 당한다지요. 기분 좋은 몸짓으로 흙을 헤집으며 흙 목욕하는 우리 닭들을 바라보다가 그런 대규모 공장식 사육장의 닭들을 떠올리면 마음이 말할 수 없이 착잡해져요.

    암탉들이 포실포실한 엉덩이를 흔들며 두 발로 흙을 헤집는 모습은 참 보기 좋아요. 닭들의 행복감이 고스란히 나한테도 옮겨 오는 것 같아요. 하지만 그것도 잠시, "컹컹컹! 왈왈왈왈!" 보리가 흥분해서 격렬하게 짖기 시작합니다. 암탉들이 뒤뜰에 얼씬거리는 꼴만큼은 절대로 봐줄 수 없다는 거죠. 정말 까칠한 녀석이라니까요.

    창고 너머에서 보리는 하루 종일 목줄을 당겨 가며 목이 쉬어라 짖어 댑니다. 늘어진 혓바닥이 보라색으로 변할 지경으로요. 동네 시끄러운 건 둘째 치고, 그냥 내버려두자니 스트레스로 보리 몸 상할 것 같고, 자칫 보리 목줄이라도 끊어지는 날엔 닭들 목숨줄도 함께 끊어지겠고…… 여간 마음 쓰이는 게 아니랍니다.

    엄마는 한동안 닭장 문을 닫아 두기로 했어요. 훤한 대낮에 닭장 안에 갇히게 된 닭들은 답답해서 나오려고 기를 썼지요.

결국 마당의 평화를 위해 엄마 아빠가 팔 걷어붙이고 나섰답니다. 창고 뒤쪽의 어수선한 공간을 치우고, 해머로 쇠파이프를 박은 후 철물점에서 사 온 철망을 쳤습니다. 닭들이 뛰놀 마당이니 지붕은 따로 필요 없지만, 만일을 대비해 그물망도 덮어 주었어요. 부엉이나 매가 하늘에서 덮칠 수도 있으니까요. 창고 너머로는 퇴비 포대와 커다란 물통을 놓아 보리의 시야를 가렸어요. 보리의 눈앞에 닭들이 얼씬거려선 안 되니까요.

 드디어 닭 놀이터 완성! 그동안 갇혔던 닭들이 닭장 문을 박차고 뛰쳐나옵니다. 흙을 헤집고 돌아다니는 몸짓들이 어찌나 활발한지요.

 한편, 의심 가득한 몸짓으로 이리저리 왔다 갔다 하는 보리. 어디선가 수상쩍은 소리가 나긴 나는데 잘 보이진 않으니, 답답한 마음에 좀 짖다가 씩씩거리다가 하더니 이내 포기하네요.

 '아, 좋아라! 이렇게 좋을 수가! 딴 세상이네, 딴 세상이야!'

 한동안 갇혀 있던 암탉들, 흙바닥 위에서 뒹굴고 드러눕고 뒤집어지면서 좋아 어쩔 줄 모르네요. 넘버원 얼룩이는 권위고 뭐고 다 내팽개친 채 숫제 무아지경이에요.

창고 뒤쪽의 어수선한 공간을 치우고 닭들이 뛰놀 닭 놀이터를 만들어 줬어요. 그동안 갇혔던 닭들이 닭장 문을 박차고 뛰어나왔습니다.

닭들이 행복하니 우리 식구들도 행복합니다. 닭들이 눈앞에 안 보이니 보리도 화날 일이 적어져서 행복합니다. 모두 모두 대만족이에요!

소심한 귀여니

닭들도 사람처럼 성격이 제각각이라는 걸 닭을 키우면서 알았어요. 닭을 오로지 달걀 낳는 기계, 또는 닭고기로만 바라보는 시선으로는 절대 알아볼 수 없겠지만요. 닭들에게도 나름 성격이 있고, 좋아하는 것과 싫어하는 것이 있고, 서열 관계로만 설명할 수 없는 끈끈한 우정도 있답니다.

귀여니는 행동이 굼뜨고 소심해요. 이른 아침이면 다른 닭들은 죄다 횃대에서 내려와 먹을 것을 찾고 돌아다니는데 귀여니만은 한 시간 가까이 횃대 이쪽저쪽을 왔다 갔다 하면서 발만 내렸다 올렸다 해요. 그걸 보고 있노라면 정말 재밌어요. 날개를 벌벌 떨면서 발만 허공에 허우적거리는 거예요. 아침마다 매번 똑같아요.

벌벌 떨면서 횃대 아래로 조심조심 뻗어 내리는 귀여운 발이 보이나요? 바로 겁 많은 귀여니랍니다.

그럼 귀여니는 언제 내려올까요? 모이통에 아침 모이를 부어 주면 고픈 배를 견디지 못해 하는 수 없이 "꽤액!" 죽는소리를 지르며 뛰어내린답니다. 내려온다기보다는 추락한다는 표현이 더 맞을 걸요. 나는 너무 웃겨서 귀여니한테 이렇게 물었어요.

"귀여니 너, 닭 맞니?"

귀여니는 높은 곳만 무서워하는 게 아녜요. 기세등등한 얼룩이가 텃세를 부리느라 쪼아 대면 다른 닭들은 후닥닥 도망가는데 귀여니는 다리가 후들거려서 도망도 못 가요. 그냥 모이통 밑에 얼굴 처박고 웅크린 채, 얼룩이의 폭행이 그칠 때까지 맞고만 있답니다. 맷집도 좋지 뭐예요?

귀여니를 쪼아 대던 얼룩이가 싱거워져서 가 버린 뒤에도, 귀여니는 대략 1분간 그 자세 그대로 꼼짝도 안 해요. 그러면 답답해진 친구 졸졸이가 와서 부리로 귀여니 등을 몇 차례 쓸어내린답니다. '갔다 갔어, 그만 일어나라.' 하는 듯이요. 그러면 그제야 부스스 일어나요. 어리둥절한 표정으로요.

귀여니가 모이 먹느라 한참 정신이 팔려 있을 때면, 귀여니 엉덩이의 보드라운 깃털을 슬쩍 만져 보기도 해요. 그러면 귀여니는 깜짝 놀라 뒤돌아봐요. 다른 닭이라면 호들갑을 떨며 '푸드덕!' 튀어 오를 텐데, 귀여니는 허둥지둥 어찌할 바를 몰라요. 그 모습이 얼마나 사랑스럽다고요. 나는 이렇게 어리어리한 귀여니가 참 좋아요.

나 닭 맞아요!
단지 고소공포증이
있을 뿐이라고요~.

장가온 수탉

　닭장 안 둥우리에는 매일 암탉들이 낳은 달걀이 놓여 있어요. 엄마가 닭 모이와 물을 갈아 주면 나는 달걀 거두는 일을 해요. 막 낳은 달걀을 둥우리에서 꺼낼 때 손에 닿는 감촉은 얼마나 따스한지 몰라요. 닭의 체온이 고스란히 남아 있는 달걀의 온기가 나는 참 좋답니다.
　"얘들아, 고맙다!"
　슬며시 달걀들을 꺼내 호주머니에 넣으며 나는 내가 '친절한 도둑' 같다는 생각이 들었어요.
　아직 소녀티를 못 벗은 오골이만 빼고 네 마리의 암탉들이 돌아가면서 달걀을 낳고 있어요. 암탉들은 대체로 오전에 알을 낳는답니다. 그렇다고 암탉 한 마리가 매일 한 개씩 알을 낳는 것은 아니에요. 암탉은 며칠 내리 알을 낳으면 하루 이틀은 알 낳기를 쉬어요. 그런 걸 '휴란'이라고 하는데, 회사 다니는 어른들이 주말에 쉬는 것과 비슷한 건가 봐요. 우리 닭장의 둥우리에도 어떤 날은 달걀이 서너 개씩 놓여 있지만, 또 어떤 날은 한두 개밖에 없답니다.

그런데 며칠 전부터 꽃순이가 이상해요. 알도 낳지 않으면서 둥우리를 딱 지키고 앉아 도무지 일어설 생각을 안 하는 거예요. 다른 암탉들이 알을 낳으려고 들어와도 절대로 자리를 안 비켜 줘요.

"이 봄날에 꽃순이가 일을 내려는가 보다."

엄마가 웃으며 말했어요. 무슨 말인가 했더니, 바로 꽃순이가 어미닭이 되려는 거래요!

꽃순이가 차지하고 있는 비좁은 둥우리에, 알 낳고 싶은 본능을 참지 못한 귀여니가 비집고 들어왔어요. 그러더니 설상가상 덩치 큰 얼룩이까지 끼어들었답니다.

두 녀석은 알을 낳고 싶어서, 또 한 녀석은 그 알을 품고 싶어서, 이런 북새통을 견디고 있답니다. 다른 암탉들이 자기 등을 밟

꽃순이가 알도 낳지 않으면서 둥우리를 딱 지키고 앉아 도무지 일어설 생각을 안 해요. 다른 암탉들이 알을 낳으려고 들어와도 절대로 자리를 안 비켜 줘요.

고 앉아도 꽃순이는 꿈쩍 안 하고 버텨요. 그 정도 압박으로 물러설 꽃순이가 아니거든요.

꽃순이는 몸집은 작지만 성격이 까칠해서 어떤 닭한테도 쉽게 밀리지 않아요. 무리와도 잘 어울리지 않고, 누구에게 선뜻 곁을 내주지도 않는 조금 고독한 성격이에요. 날마다 닭장을 들락거리는 엄마와 나한테도 경계심을 많이 드러낼 땐 꽤 섭섭하답니다.

그런데 꽃순이가 품고 있는 알은 무정란이에요. 병아리가 될 수 없는 달걀이란 뜻이죠. 수탉과 암탉이 짝짓기를 해야만 병아리가 되는 유정란을 낳을 수 있으니까요.

처음 며칠간은 꽃순이를 둥우리에서 몰아내고 달걀을 빼냈어요. 그대로 두면 따뜻한 꽃순이 배 밑에서 달걀이 썩고 말 테니까요. 그래도 꽃순이는 알 품기를 멈추지 않아요. 밥도 잘 안 먹고 밤엔 횃대에도 안 올라가요. 자기는 알 낳기를 딱 멈추고, 다른 암탉들이 낳은 알을 부리로 그러모아 가슴 아래로 집어넣고는 온몸으로 품는다니까요. 참 지극정성이에요. 꽃순이의 보람 없는 노고를 지켜보고만 있자니 가슴이 아파요. 그래서 엄마는 결심했답니다.

"그래, 수탉을 데려오자! 병아리 한번 까 보는 거야!"

수탉은 우리랑 벼농사를 함께 짓는 이웃에게 빌렸어요. 당분간 우리 집에 머물 귀한 손님이지요. 주인 말에 의하면 '참 착한 수탉'이래요. 성질도 사납지 않고, 암탉들도 아주 잘 보살핀대요. 가슴이 떡 벌어진 게, 아주 당당하고 멋져 보여요.

수탉은 우리 닭장에 오자마자 거대한 두 날개를 퍼덕이더니, 겁이 나서 납작 엎드린 귀여니 등 위로 곧바로 올라가 짝짓기를 했답니다. 낯선 남의 집이라고 주눅 드는 법도 없이 아주 거침없더라고요.

우리 닭장에 장가온 수탉을 소개합니다! 가슴이 떡 벌어진 게, 아주 당당하고 멋져 보이지요?

아직 알도 못 낳는 오골이는 장가온 수탉이 마음에 들었나 봐요. 자꾸 수탉 옆으로 슬금슬금 다가가요. 하지만 수탉은 오골이를 거들떠도 안 봐요.

    귀여니에 이어 졸졸이, 얼룩이도 차례차례 짝짓기를 했어요. 그래서 이제 모두 유정란을 낳을 수 있는 암탉이 되었답니다. 신세대 아가씨 닭 오골이만 빼고요.

    아직 알도 못 낳는 오골이는 장가온 수탉이 마음에 들었나 봐요. 자꾸 수탉 옆으로 슬금슬금 다가가요. 하지만 수탉은 오골이를 거들떠도 안 봐요. 오골이가 아직 알을 못 낳는 소녀 닭이라는 걸 한눈에 알아본 모양이에요.

이삼일쯤 지나서 암탉들은 둥우리에 유정란을 여럿 낳았어요.

엄마는 꽃순이 품에 다섯 개의 알을 넣어 주었어요. 꽃순이의 몸집이 작으니까 그 정도만 품게 하겠대요. 그리고 다른 암탉들이 더 이상 꽃순이 둥우리에다 알을 낳지 못하도록 꽃순이의 작은 둥우리 주변으로 철망을 쳐 주었어요. 알 품는 둥우리에 다른 암탉들이 계속 끼어들어 알을 낳으면 달걀이 뒤섞여 새것을 찾기 어려워지거든요. 어미닭은 먼저 깨어난 병아리를 돌보기 때문에 늦게 들어간 알들은 병아리로 크기 전에 식어 버리게 돼요.

엄마는 다른 암탉들도 알을 낳을 수 있도록 새 둥우리를 만들어 주었어요. 그런데 이게 웬일이래요? 새 둥우리에 수탉이 먼저 들어가는 거 있죠?

수탉은 새 둥우리에 들어갔다 나왔다 하면서 두 발로 볏짚도 헤집어 보고 구석구석 한참을 살피더니 이윽고 자리를 비켜 주었어요. 알고 보니 아내들이 알 낳을 자리를 먼저 살펴보는 거였답니다. 자상하기도 하지 뭐예요.

이제 '자기만의 방'을 가진 꽃순이는 작은 몸을 호빵처럼 둥글

꽃순이는 작은 몸을 둥글게 부풀리고 앉아 큰 알 다섯 개를 품고 있어요. 저마다 다른 암탉의 알들이에요. 모이를 넣어 줘도 꼼짝하지 않고, 밤에도 둥우리를 떠나지 않아요.

게 부풀리고 앉아 큰 알 다섯 개를 품고 있어요. 각기 다른 암탉의 알들이에요. 꽃순이는 모이를 넣어 줘도 일어서지 않고, 밤에도 둥우리를 떠나지 않아요. 내가 닭장 안으로 들어가 한참을 코앞에서 들여다보아도 웅크린 채 절대로 움직이지 않는답니다. 예전 같았으면 푸드득 날아올라 줄행랑을 치고도 남았을 텐데.

엄마가 된다는 건, 이렇게 오래 참고 기다리는 거였군요.

"꽃순아, 대단해."

꽃순이의 첫 병아리

꽃순이가 알을 품기 시작한 날이 4월 20일이니까, 바로 오늘 5월 11일이 딱 21일째 되는 날이에요. 하늘에선 비가 추적추적 내려요. 꽃순이는 여전히 둥우리를 지키고 있고요. 꽃순이 품 안에서 정말 병아리가 깨어나고 있을까요? 나는 너무나 궁금해서 집 안에 가만 앉아 있을 수가 없었어요. 우산을 들고 닭장 앞에 서서, 둥우리에 무슨 일이 일어나는지 지켜보기로 했답니다.

시간이 제법 흐를 동안 꽃순이는 꼼짝 않고 있어요. 나는 꽃순이를 움직이게 할 심산으로 닭장 바닥에다 모이를 살짝 뿌렸어요. 꽃순이는 배가 고픈지 모가지를 길게 빼면서도 몸은 둥우리에서 꼼짝도 안 해요. 그래서 이번엔 약간의 모이를 꽃순이의 둥우리로 휙 던져 주었습니다. 꽃순이는 둥우리에 앉은 자세 그대로, 가까이 떨어진 알곡들만 쪼아 먹었어요.

꽃순이가 몸을 살짝 움직이자 부서진 알껍데기가 눈에 들어왔어요! 드디어 병아리가? 내 가슴은 두방망이질 치기 시작했어요. 두근두근……. 그 순간 잠깐 꽃순이 가슴이 들리는가 싶더니, 그 아래로 쏘옥 내다보는 노란색 병아리 한 마리!

"우아! 병아리닷! 아, 이렇게 예쁠 수가!"

꼬꼬닭장에서 처음 태어난 노란색 병아리. 꽃순이 앞으로 쏘옥 나온 모습이 정말 예뻐요!

엄마가 된 꽃순이 좀 보세요. 노랑, 얼룩 병아리 들이 꽃순이 옆으로 총총 돌아다녀요. "꽃순아, 축하해!"

제일 먼저 깨어난 첫째 병아린가 봐요. 호기심이 많은 까만 눈망울로 두리번두리번 난생처음 세상 구경을 하더니, 돌아서서 제 엄마 얼굴을 톡톡 쪼아 보고는 행복한 표정으로 엄마의 날개 밑으로 쏙 들어갑니다. 병아리가 들어갈 때, 잠깐 들린 꽃순이 배 밑을 보니 알에서 갓 깬 듯한 젖은 병아리 한 마리가 웅크리고 있는 게 보였어요. 그리고 아직 깨지 않은 알도요.

생명의 탄생은 정말 경이로워요. 용케 꽃순이 품에 들어간 알들은 이렇게 귀여운 병아리가 되었지만, 그렇지 못한 알들은 그냥 '달걀'일 뿐이잖아요.

"새끼 까느라 많이 피곤하지? 꽃순아."

그래도 꽃순이에겐 지금이 태어나 가장 행복한 순간일 거예요.

약간의 물과 모이만으로 21일이나 버텨 온 꽃순이. 마음껏 날갯짓하며 뛰어다닐 자유를 포기하고, 한 치의 흐트러짐도 없이 수도자처럼 알을 품어 낸 꽃순이의 소망이 드디어 이루어졌어요. 바로 엄마가 되는 것 말이지요.

"꽃순아, 축하해! 이제 진짜 엄마로구나."

삐약이의 일기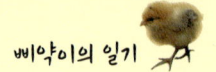

비좁고 어두운 알에서 나와
따뜻하고 포근한 엄마 품에 기댄 지 닷새째.
엄마는 큰 낟알을 톡톡 쪼개 우리 앞에 놓아 주고,
날아다니는 파리는 부리로 솜씨 좋게 잡아채 잘게 찢어 주셔.
엄마가 파리를 잡으면 우리들은 정신없이 소리를 지르지.
"저요, 저요! 삐약삐약!"
파리는 정말 맛있어! 츠흡!

"엄마 따라 졸졸졸~."

파리 한 조각 먼저 입에 문 첫째 형이 쏜살같이 도망치면
나랑 동생들은 마구 쫓아가.
"나도 줘! 나도 나도!"
하지만 형은 저만치 달아나서 혼자 허겁지겁 먹어 치우지.
'흥! 욕심쟁이 같으니라고.'

밥을 다 먹은 뒤 모두 엄마 품속으로 들어갔어.
엄마 가슴 아래 작은 발들이 삐죽삐죽.

실컷 물을 먹고 난 셋째가 비집고 들어왔어.
"나도 들어갈래. 낑낑."

셋째는 아까 먹은 파리가 좀 짰는지 연신
물을 들이켜네?

집 안이 빵빵해.
엄마는 피곤한지 우리들을 양 날개로 가득
품은 채 꾸벅꾸벅 졸고 계셔.

엄마 날개 뒤로 살짝 나와 봤어.
아, 혼자라 심심해.
안 되겠다. 다시 들어가야지.

나는 호기심 많은 둘째 병아리. 엄마 앞에 돋보이고 싶어서 나만의 개인기인 날갯죽지 댄스를 선보였지. (사실은 끙아 누는 자세……. 헤헤.)

"우리 둘째, 뭐든지 잘하는구나!"

안에 있자니 답답해서 엄마 가슴 쪽으로 다시 나왔어. '또 어디 가려고?' 엄마가 눈으로 물으셔.

"아가야. 너, 내 아들 할래?"

"넌 어디서 와서 그렇게 예쁜 거니?"

"싫어요. 전 우리 엄마가 젤 좋아요!"

동네 아줌마들은 우리에게 친절해. 그런데 가끔 우리가 엄마보다 아줌마들을 더 닮은 것 같다는 생각이 들어. 왜일까? 이상한 일이야.

쥐 습격 대소동

꽃순이의 병아리 네 마리는 하루하루 잘 자라고 있어요.

며칠 전 아랫집 아주머니가 와서 병아리들을 보더니 엄마한테 "병아리들, 주사 안 놔?" 하셨어요.

"네? 무슨 주사요?" 엄마랑 나는 의아했어요.

"양계장에서는 병아리 깨면 주사부터 놓는다던데? 주사 안 맞히면 죽는다고."

그제야 엄마는 이해가 된다는 표정을 지었어요.

실제로 부화장에서 깨어나는 병아리들은 백신 약을 먹고 주사도 맞는다고 해요. 빽빽한 사육장에서 병 안 걸리고 어린 시절을 잘 넘기려면 예방 접종은 필수라고 하네요.

"옛날엔 주사 같은 거 없어도 어미닭이 병아리들을 까서 잘만 키웠잖아요. 우리 애들도 어미가 키우니까 괜찮을 거예요."

엄마는 아주머니를 안심시켰어요. 그런데 엄마 품에서 자라는 우리 병아리들을 위협하는 건 정작 다른 데 있었어요.

오늘 아침의 일이에요. 갑자기 닭장에서 닭들의 비명 소리가 요란하게 들려왔어요. 놀라서 한달음에 달려갔을 때 닭 놀이터 구석의 구멍으로 스르륵 빨려 들어가는 쥐꼬리를 포착했어요!

쥐들은 겨우내 쉴 새 없이 닭장 주변에 쥐구멍을 파고 들락거렸어요. 엄마가 아무리 돌로 틀어막고 널빤지를 못질해도 소용없었어요. 쥐구멍을 막는 속도만큼이나 빠르게 새로운 쥐구멍이 생겨났으니까요. 닭 모이를 훔쳐 먹는 것쯤은 쥐들한테 '식은 죽 먹기'인 것 같았어요. 그런 쥐들이 몹시 얄밉고 싫었지만, 그래도 거기까지는 참을 수 있어요. 진짜 무서운 건, 이런 화창한 봄날이면 작고 여린 병아리들을 한입에 물어 가기도 한다는 거예요!

닭 놀이터 흙 마당에 무서운 잿빛 쥐가 나타난 순간, 꽃순이는 본능적으로 양 날개를 낙하산처럼 펼치면서 "꼬오- 꼬꼬고고고!" 크게 소리쳐 아이들을 불렀어요. 거의 동시에 병아리들도 앞뒤 가릴 것 없이 엄마 날개 속으로 잽싸게 뛰어들었고요. 나머지

병아리들은 그새 날개깃이 많이 자라 무척 재빨라졌어요. 쥐의 공격을 잽싸게 피할 수 있었던 것도 이만큼 날개가 자란 덕일 거예요.

암탉들도 모두 약속이나 한 듯 일제히 요란하게 소리치며 닭장 안으로 뛰어들었지요. 온 닭장이 들썩들썩할 만큼요. 이 모든 일은 정말 순식간에 벌어졌답니다.

나는 가슴이 벌렁벌렁 뛰었어요. 엄마는 쥐구멍을 큰 돌로 막고, 쥐가 갉은 나무 닭장 바닥의 틈새에는 널빤지를 대어 못을 박았습니다.

병아리들은 이제 좀 컸다고 자신감이 붙었는지 혼자서도 서슴없이 돌아다녀요. 요즘엔 혼자 힘으로 파리도 잘 잡지 뭐예요? 포르릉 뛰어올라 부리로 파리를 낚아채는 걸 처음 봤을 때 내가 얼마나 놀랐다고요. 그래도 아직은 엄마가 부르면 잽싸게 모여든답니다. 해질 무렵이면 엄마 날개 품으로 다 들어가고요.

어쨌든 이번에 쥐의 공격을 잽싸게 피할 수 있었던 것도 이만큼 날개가 자란 덕일 거예요. 갓 깨어난 햇병아리 상태였다면 쉽지 않았을 텐데.

"애들아, 잘했어!"

제법 컸다고는 해도 아직은 어린 병아리들이에요. 엄마가 부르면 후닥닥 모여들고, 해 질 무렵이면 엄마 날개 품으로 다 들어간답니다.

못 말리는 얼룩이

꽃순이가 노란 병아리들을 몰고 다니기 시작하자 얼룩이가 샘이 난 모양이에요. 갑자기 둥우리를 펑퍼짐하게 차지하고 들어앉아 버렸어요.

"아니, 얼룩이 너도?"

그래서 엄마는 유정란 열 개를 얼룩이 품에 넣어 주었어요. 얼룩이 몸집은 꽃순이 두 배쯤 되거든요.

그런데, 얼룩이는 꽃순이랑 완전 딴판이지 뭐예요.

새끼 품는 동안 꽃순인 둥우리에서 꼼짝도 안 하고, 모이를 줘도 어지간해선 내려오지 않았거든요. 그런데 그저 노는 거 좋아하고 먹을 것만 밝히는 얼룩이는 내가 모이 줄 기미만 보여도 둥우리에서 폴짝 뛰어 내려와 버려요. 게다가 얼마나 양껏 먹는지

얼룩이도 알을 품겠다고 둥우리에 퍼질러 앉았어요. 그런데 꽃순이와는 달리 영 엄마 될 소질이 없어 보여요.

모이 먹는 시간이 5분쯤 걸립니다. 꽃순이는 후닥닥 모이를 먹고 부리나케 둥우리로 돌아가는 데 1분도 안 걸렸는데 말이죠.

그뿐인가요? 날이 무덥다고 대낮에 둥우리 팽개쳐 놓고 닭 놀이터에 나와서 이리 뒹굴 저리 뒹굴 흙 목욕까지 하고 있으니…….

"네가 지금 이러고 놀 때냐, 응?" 엄마는 닭 놀이터에 나와서 놀고 있는 얼룩이를 닭장 안으로 몰아넣으며 훈계도 여러 차례 했답니다.

"이래서는 알 열 개 중에서 다섯 마리만 깨어 나와도 다행이겠어. 휴……." 나 역시 푸념이 절로 나왔어요.

닭들도 사람처럼 성격이 제각각이라는 건 얼룩이와 꽃순이만 봐도 알 수 있다니까요.

몸집도 펑퍼짐하니 큰 어미가 될 수도 있을 법한데, 하는 짓마다 어미답지 못해 가슴 졸이

얼룩아, 병아리가 나오는데 어디를 가는 거야? 빨리 들어가!

나는 노는 게 제일 좋아!

게 하더니만 드디어 21일째, 병아리 나올 날이 되었어요.

조마조마한 마음으로 닭장으로 다가갔더니, 얼룩이는 내가 모이 주러 온 줄 알고 둥우리에서 벌떡 일어나서 나오지 뭐예요? 그런데 얼룩이가 막 자리를 뜬 둥우리에 작고 노란 병아리 한 마리가 어리둥절한 표정으로 앉아 있는 게 아니겠어요?

갑자기 엄마가 나가 버리자 혼자 남은 병아리가 "삐익삐익!" 울어 대면서 둥우리 가장자리를 타고 올라왔어요.

"와! 병아리 깨어났다!"

그런데 이 철딱서니 없는 엄마 얼룩이, 병아리가 깨어 나오든 말든 도무지 거리낌이 없으니 대체 어쩌면 좋아요. 갑자기 엄마가 휑하니 나가 버리자 혼자 남은 아기는 "삐익삐익!" 울어 대면서 엄마 찾아 둥우리 가장자리를 타고 오릅니다.

보기에도 아슬아슬한 순간, '툭!' 병아리가 닭장 바닥으로 추락하고 말았어요!

"악, 안 돼!"

나는 깜짝 놀라 잽싸게 병아리를 두 손으로 감싸 들고 둥우리 속으로 넣어 주었어요. 알에서 깨자마자 높은 데서 툭 떨어졌으니 병아리는 얼마나 놀랐을까요? 다행히 다친 데는 없어 보여요.

다른 알들도 잇따라 금이 가고 있어요. 깨진 틈으로 앙증맞은 부리가 들락날락해요. 지켜보는 나도 바짝바짝 애가 타는데, 얼룩이는 한참 동안 모이를 주워 먹더니 느긋하게 둥우리로 돌아왔답니다. 그제야 겨우 마음을 가라앉힌 나도 집으로 들어왔어요.

그런데 잠시 후, 부엌 창밖으로 닭장을 내다보던 엄마가 "아이고, 저것이!" 탄식하며 뛰쳐나갔어요. "무슨 일인데요?" 하고 나도 얼른 따라 나갔죠. 나가 보니, 얼룩이가 이번엔 닭 놀이터에 나와서 흙 목욕을 하고 있는 게 아니겠어요?

다급히 둥우리부터 살펴보니, 아까 둥우리 아래로 떨어졌던 첫 번째 병아리는 엄마를 찾아 다시 애타게 둥우리 가장자리로 오르고 있고, 둥우리 안에는 두 번째 병아리가 젖은 털도 말리지 못한

젖은 털도 채 마르지 않은 두 번째 병아리가 "삐약삐약!" 구슬프게 엄마를 찾고 있어요.
그 앞으로는 거의 절반이 쪼개진 또 하나의 알이 들썩들썩하고요.

채 오들오들 떨고 있었어요!

그리고 그 옆으로 또 하나의 알이 거의 절반이 쪼개진 채 들썩들썩하고요. 아, 금방이라도 깨어날 것만 같아요. 병아리들이 이렇게 깨어나고 있는데 엄마라는 녀석은 만사태평 놀고만 있다니!

"얼룩아! 제발 좀 들어가!"

겨우겨우 얼룩이를 둥지 안으로 들여보냈습니다. 진땀이 다 나네요.

어린 병아리는 스스로 체온을 유지할 능력이 없대요. 그래서 어느 정도 자랄 때까지는 엄마의 체온을 충분히 나눠 줘야 해요. 하물며 알에서 막 깨어난 병아리야 말할 필요도 없겠지요?

보통의 어미닭들은 깨어나는 알을 배 밑에 꼭 감춰 두고 보여 주지 않아요. 그런데 얼룩이는 이렇게 어미 노릇에 서투르니……. 참 안타까워요.

날이 어두워지고 있어요. 얼룩이도 더 이상은 둥지 밖으로 안 나오겠죠? 남은 병아리들은 오늘 밤에 거의 깨어날 거예요. 앞으로 몇 마리나 더 깨어날지 기대도 되고 걱정도 되어요.

한 지붕 두 가족

얼룩이가 품은 열 개의 알 가운데 병아리로 태어난 건 겨우 네 마리였어요.

"한 마리도 못 보나 했는데, 네 마리라니. 이 정도도 대견하다."

엄마는 얼룩이 품에서 태어난 햇병아리들이 신통하대요. 하긴 그래요. 얼룩이가 걸핏하면 둥우리를 비웠던 걸 생각하면 네 마리라도 무사히 깨어난 게 기적이지 뭐예요.

꽃순이와 얼룩이는 제각각 자기 새끼들을 이끌고 다녀요. 병아리들도 자기 엄마가 누군지 신통하게 잘 안답니다. 제 엄마 뒤를 열심히 따라다니고, 모이를 먹을 때도 제 엄마 옆에 딱 붙어서 먹지요.

하지만 항상 그런 것만은 아니랍니다. 병아리들끼리 어울리다 보면 다른 엄마한테 놀러 가기도 하고, 급할 땐 가까운 남의 엄마 품속으로 파고들기도 하거든요.

꽃순이가 흙을 헤집어 가며 새끼들에게 줄 모이를 열심히 찾고 있어요. 꽃순이에게 질세라, 얼룩이도 힘차게 흙을 헤집어요.

이크! 얼룩이 발에 병아리가 채였어요! 어휴, 왜 그리 조심성이 없는지…….

"얼룩아! 제발 발 밑에 있는 새끼들 좀 잘 살펴봐!"

먼저 태어난 꽃순이의 병아리들은 튼튼한 날개깃이 있어서 날쌔게 잘 뛰어다녀요. 하지만 얼룩이의 병아리들은 아직 너무 어려서 뛰는 것조차 서툴러요. 엄마 옆에서 모이를 쪼다가 두툼한 얼룩이 발에 밟히는 일까지 있다니까요.

그나저나 걱정이에요. 얼룩이의 병아리들이 자꾸 졸아요. 알에서 깬 지 이제 겨우 이틀째, 아직은 너무나 연약하고 어린 병아리들이에요. 어서 얼룩이가 날개 밑으로 불러들여 품어 줘야 할 텐데 말이지요.

어린 병아리들이 시름시름 졸기만 하니, 무슨 일이라도 날까 봐 조마조마한 마음뿐이랍니다.

"얼룩아, 제발 새끼들 좀 잘 살펴!" 꽃순이에게 질세라 힘차게 흙을 헤집던 얼룩이 발에 병아리가 채였어요.

병아리의 세월

어른들은 세월이 쏜살같이 간다고 말씀하세요. 하루하루가 길게만 느껴지던 나는 그 말이 영 실감이 안 났어요. 그런데 우리 집 병아리들을 보니 비로소 이해가 되더라고요. 병아리의 세월도 그야말로 '쏜 화살'같이 가거든요.

한 알의 수세미오이 씨앗이 왕성하게 자라 여름 닭장에 시원한 그늘을 만들어 준 것처럼, 한 알의 달걀로 시작된 병아리도 쑥쑥 자라서 어느새 어엿한 중병아리가 되었답니다.

하지만 그간 슬픈 일도 있었어요. 얼룩이의 병아리 네 마리가 모두 이유 없이 시름시름 앓다 끝내 세상을 떠나고 말았거든요. 그래도 다행인 건 꽃순이의 병아리들이 모두 건강하게 잘 컸다는 거예요.

우리 집 닭장에서 태어난 병아리들이 자라 어느덧 중병아리가 되었어요. 봄에 심은 수세미오이 씨앗도 왕성하게 자라 여름 닭장에 시원한 그늘을 만들어 주었네요.

　새끼들을 모두 잃은 얼룩이는 품 안이 허전한지 꽃순이의 새끼들을 열심히 챙겨요. 제 품에 끌어안고 잘 정도로 남의 자식이란 사실을 아예 잊은 것 같아요. 아이들도 얼룩이 주위를 자주 맴돌아요. 멀찍감치 놀다가도 얼룩이가 "꼬꼬고고." 부르면 쏜살같이 달려온답니다.

　해가 저물면 아이들은 '포르르' 높은 횃대까지 거뜬히 올라간답니다. 몇은 꽃순 엄마 옆에서, 또 몇은 얼룩 엄마 다리 밑으로 기

햇대 위에 꽃순이를 둘러싸고 중병아리들이 옹기종기 한데 모여 있어요. 다 큰 것처럼 보여도 사랑받고 싶어 하는 마음은 여전히 아기예요. 나이와 상관없이 엄마를 필요로 하는 건 병아리나 사람이나 다를 게 없는 것 같아요.

어 들어가 자요. 아직도 엄마 품을 파고드는 청소년 병아리들이라니! 다 큰 것처럼 보여도 사랑받고 싶어 하는 마음은 여전하답니다. 나이와 상관없이 엄마를 필요로 하는 건 병아리나 사람이나 다를 게 없나 봐요.

   날이 갈수록 병아리들의 몸집은 점점 더 커졌어요. 더는 병아리라고 부를 수 없을 만큼요. 꽃순이가 품어 키운 아이들이지만 꽃순이와는 조금도 닮지 않았어요. 당연하죠. 원래 다른 암탉들의 알이었으니까요.

꽃순이의 네 아이들 중 암탉은 셋째뿐이에요. 암탉이 겨우 한 마리라니, 좀 서운해요. 우리 가족에겐 알 낳아 줄 암탉이 더 필요했거든요.

셋째는 병아리 시절보다 몸 빛깔이 사뭇 밝아졌어요. 형제들 가운데서 유독 얌전하고 순해서 나도 모르게 은근히 정이 갔던 병아리예요. 그런데 이렇게 훌쩍 크고 보니, 반갑게도 암탉이네요. 알을 낳아 주는 암탉을 편애하게 되는 건 어쩔 수 없답니다.

첫째와 막내는 걸핏하면 쌈박질을 해요. 수컷인 애들은 눈만 마주쳤다 하면 싸운답니다. 둘째까지 끼어들면 격렬한 삼파전도 심심찮게 벌어져요. 이 녀석들은 이따금 셋째한테도 싸움을 걸지만, 셋째는 지혜롭게 그 자릴 피해 버려요. 암탉 셋째는 평화주의자거든요.

수컷들이 중병아리 무렵부터 깃털을 세우며 싸우는 건 서열 다툼 때문이래요. 짝짓기에서 유리한 수컷이 되고 싶은 거지요. 그렇다고 반드시 수컷만 싸우는 건 아니랍니다. 암컷들끼리도 서열

첫째와 막내는 걸핏하면 쌈박질을 해요. 수컷인 얘들은 눈만 마주쳤다 하면 싸운답니다.

다툼을 해요. 텃세를 할 땐 암컷과 수컷이 맞붙기도 하고요. 하지만 서로 마주 보며 깃털을 바짝 세우고 으르고 노려보며 싸우기를 즐기는 녀석들은 역시 수컷들이랍니다. 중병아리 수컷들은 놀이하듯이 수시로 싸우더라고요. 암컷들은 모이나 물을 먹을 때 서열을 확인하느라 '콕! 콕!' 몇 번 쫄 뿐, 웬만해선 격렬한 싸움을 피하는 편이지요.

일단 닭장의 서열이 정해지면, 서로 힘 빼 가며 싸울 일이 거의 없어요. 서열 낮은 닭이 알아서 피하거든요. 닭들은 닭장 안에서 자기가 차지하는 서열 위치를 정확히 알고 있대요. 한 공간 안에서 50마리까지는 그 서열을 유지한다고 해요. 그러니 머리 나쁜 사람을 '닭대가리'라고 하는 건 닭한테 대단한 실례겠죠? 하지만 수백, 수천 마리를 한 공간에서 키우는 대규모 사육장에 사는 닭들은 얼마나 혼란스러울까요?

암탉들의 우정

새끼들이 훌쩍 커 버리자 낙이 없어졌는지, 꽃순이는 또다시 알을 품고 병아리를 까고 싶은 기색이 역력해요. 하지만 잠시 빌려 왔던 수탉은 이미 돌려준 지 오래라, 꽃순이가 품을 유정란은 더 이상 없어요.

그런데 희한한 일이 일어났어요. 알 품을 줄 모르는 산란닭으로만 생각했던 귀여니가 어느 날부터인가 꽃순이 둥우리에 비집고 들어가 나올 줄 모르는 거예요. 처음엔 꽃순이한테 쪼이며 구박을 많이 당했지요. 하지만 귀여니가 오죽 참을성이 많아요? '쫄 테면 쪼아 봐, 다 맞아 줄게.' 하며 붙박이처럼 버티는 데에는 꽃순이도 두 손 두 발 다 들고 말았답니다.

하지만 무정란에서 새끼가 나올 리가 있나요. 날도 더운데 무

산란닭 귀여니도 알 품기 본능이 희미하게 꿈틀거렸나 봐요. 하지만 결국 병아리를 까지는 못했어요. 이 일이 있은 후 귀여니는 평생 두 번 다시 알을 품지 않았답니다.

정란을 저렇게 품어 대다간 다 썩어 버리고 말지요. 내가 알을 빼내려고 손을 내밀면 귀여니는 꽃순이와 어깨를 걸고 협공으로 내 손을 쪼아 대요. 결코 알을 뺏기지 않겠다는 태도가 어찌나 결연한지, 나는 슬그머니 물러나고 만답니다.

　엄마가 된 암탉들은 수탉만큼이나 용감해요. 평소엔 '바스락' 소리만 나도 깜짝 놀라 달아나는 겁쟁이들이지만, 일단 엄마만 되면 모든 게 바뀌어요. 알이나 새끼가 위협을 받을 땐 아무리 힘센 상대라 해도 날개깃을 세우며 무섭게 대항해요. 아무리 절망적인 상황이라 해도 새끼를 버리고 도망가진 않아요. 제 몸보다는 새끼가 최우선이거든요. 나와 엄마는 닭을 키우며 이런 경험을 여러 번 했답니다.

　엄마는 간절히 알을 품고 싶어 하는 꽃순이와 귀여니가 애처로워서 몇 개의 알을 내주었어요. 어느덧 청년이 된 수평아리들이 이따금 아줌마 닭들을 상대로 짝짓기를 시도하는 걸 봤기 때문에, 혹시나 유정란이 몇 개쯤 나왔을지 모른다는 생각이 들었기 때문이에요.

　두 암탉은 서로서로 알들을 제 몸 아래로 끌어당기며 오래도록

꽃순이와 귀여니는 새끼 까는 데 실패하고 둥우리에서 내려온 후론 친해져서 꼭 붙어 다녀요. 산책도 함께하고 흙 목욕도 함께합니다.

버텼어요. 하지만 병아리는 한 마리도 깨어나지 않았죠.

한 둥우리에서 몸 부비며 한 달 가까이 고락을 함께한 두 암탉. 새끼 까는 데 실패하고 둥우리에서 내려온 뒤 무척 친해졌어요. 한시도 떨어지지 않고 꼭 붙어 다닌답니다. 산책도 함께하고 흙 목욕도 함께해요. 원래 서열로는 꽃순이가 위인데, 어느새 둘은 친구가 된 것 같네요.

재수 좋은 날

엄마와 차를 타고 나갔다가 돌아오는 길이었어요.

갑자기 반대편 차선에서 흑갈색 물체 하나가 휙 달려오는가 싶더니 도로를 가로질러 길가의 가드레일 아래로 쑥 들어갔어요!

"어! 저게 뭐야?"

"닭 아녜요?"

엄마는 차를 천천히 길가 쪽으로 붙여 몰았어요. 길가 가드레일 아래를 유심히 보니 닭 꽁무니가 가만히 서 있었어요. 왕복 6차로를 횡단해 달려온 닭 한 마리! 닭이 달려온 길 건너를 암만 둘러봐도 문 닫은 조개구이 포장마차 하나만 덩그러니 있을 뿐, 허허벌판이에요. 닭이 있을 만한 시설도 없고, 닭고기 파는 음식점도 없고, 그럴듯한 농가도 없는데……. 하늘에서 닭이 뚝 떨어진 걸까요?

나는 하늘에서 뚝 떨어진 그 닭을 집으로 데려가고 싶었어요.

"우리가 데려가요, 엄마."

"글쎄…… 잡을 수 있을까?"

닭 꽁무니는 여전히 제자리에 있어요.

도로변 허허벌판의 닭 한 마리. 엄마는 약간 마음이 흔들리는 것 같았어요.

"음, 내려가서 한번 잡아 봐라."

나는 차에서 내려 닭에게 조심조심 다가갔어요. 엄마도 따라 내렸습니다.

벌건 대낮에, 풀려 있는 닭을 붙잡는 건 사실 아주 어려워요. 더구나 한쪽은 도로, 한쪽은 들판으로 사방이 트인 곳에서 낯선 닭을 붙잡는 건 하늘의 별따기죠. 하지만 놓칠 게 분명하더라도 이 상황이 자못 흥분되고 재미있었어요!

닭은 우릴 보더니 당황해서 우왕좌왕하다가 도로 아래쪽 작은 도랑으로 냅다 도망쳤어요. 엄마와 나는 도랑 양쪽에서 서서히 좁혀 들어갔지요. 그러다가 갑자기 닭이 '푸드덕!' 날아올랐고, 그 순간 엄마가 닭 날갯죽지를 확 덮쳐 붙잡았어요!

"꼬꼬댁 꽥꽤-액!"

"잡았다!"

녀석은 죽는다고 악을 써 댔지만, 우린 환호했답니다.

나는 개선장군이나 된 듯 의기양양 닭 날갯죽지를 손에 꼭 움켜쥐고 조수석에 앉았어요. 엄마가 물었어요.

"얘 이름을 뭘로 할까?"

"글쎄요."

"유기 닭이니까 유기?"

"횡재?"

"재수?"

"재수! 그거 좋겠어요!"

"그래, 얘도 오늘 우릴 만나 잡혀 죽을 염려 없어서 재수가 좋은 거고, 우리도 새 닭을 얻었으니 재수가 좋은 거고. 서로 재수 좋은 거 맞네!"

"오늘은 '재수 줘~온(주워 온) 날'이네요! 하하!"

뜻하지 않게 만난 새 식구, 바로 이 녀석이 '재수'예요. 잡을 땐

하늘에서 뚝 떨어져 도로변 허허벌판에 서 있던 재수.
우리 집 닭장의 새 식구가 되었답니다!

암탉이길 기대했는데 자세히 살펴보니 아무래도 수탉 같아요.

재수는 닭장에 들어오자마자 마치 제 집인 양 모이부터 씩씩하게 먹더니, 닭장의 넘버원 얼룩이랑 느닷없이 한판 붙었다가 졌습니다. 다음으론 졸졸이와 또 한판 모질게 붙는가 싶더니 또 졌고요. 오골이와도 붙었지만 여지없이 지고 말았어요. 닭장 식구들과의 싸움에서 재수는 판판이 깨졌답니다. 하지만 착한 귀여니와 무관심한 꽃순이는 아예 싸움판에 끼지도 않았지요.

오골이한테 걸린 재수, 신고식을 톡톡히 치릅니다. 오골이는

재수는 닭장에 오자마자 닭장의 넘버원 얼룩이와 한판 붙었지만 지고, 졸졸이와의 싸움에서도 여지없이 지고 말았어요. 오골이한테 걸려 신고식을 톡톡히 치르는 재수가 안됐어요.

재수가 가는 데마다 따라다니며 겁을 주고 마구 쪼아 대면서 제대로 텃세를 부렸어요. 생각해 보면 오골이도 닭장에 처음 온 날, 꽃순이한테 텃세 구박을 당했었는데. 구박받은 며느리 엄한 시어머니 된다더니, 오골이가 딱 그 경우지 뭐예요.

"텃세란 게 첨엔 다 그런 거야. 재수, 조금만 참아라. 응?"

나는 재수에게 다가가 다독다독 위로의 말을 건넸어요. 무리와 떨어져 혼자 웅크린 가엾은 재수 주려고 풀을 뜯어 왔는데……. 어, 재수가 보이지 않아요! 새내기 재수는 어디로 갔을까요? 다른 닭들은 잔뜩 몰려드는데, 재수는 나타나질 않네요.

"어디 갔니, 재수야?"

재수 찾아 한참을 두리번거린 후에야 겨우, 닭장 안 둥우리 상자 꼭대기에 침울하게 앉아 있는 녀석을 발견했어요.

"너 거기 숨어 있었구나! 조금만 참아, 재수. 우린 네가 와서 좋아! 그러니 힘내라, 재수!"

아들닭 장가가다

다 큰 수탉들이 새벽마다 교대로 목청을 뽑아 대고, 혈기왕성하게 짝짓기를 하느라 야단이에요. 귀여웠던 시절도 지나가고 이젠 내보낼 때가 되었어요. 하지만 나는 병아리 적부터 지켜봐 온 우리 애들을, 닭들을 잡아먹는 곳으로는 도저히 보낼 수 없었어요. 우리 수탉들 안 잡아먹고 잘 키워 줄 사람 어디 없나요?

아빠가 여기저기 수소문해서 알아보았어요. 마침 100여 마리의 닭을 기르면서 친환경 유정란을 생산하고 있는 농장에서 수탉이 필요하다고 하셨어요. 나는 뛸 듯이 기뻤답니다. 그래서 첫째와 막내와 재수를 유정란 농장으로 장가보내게 되었습니다.

우리 수탉들 장가가는 날, 나도 그 농장까지 따라갔어요. 우아, 암탉들이 무지무지 많은 거 있죠? 우리 수탉들은 암탉들 사이에 들어가자마자 날개를 퍼덕이며 기지개를 켜더니 곧 암탉들과 짝짓기를 시작했어요. 그제야 나는 안심이 되었어요.

혹시 알고 있나요? 닭 가족은 수탉 한 마리에 암탉이 10~15마리 정도는 되어야 짝이 맞는다고 해요. 일부다처제인 셈이지요.

짝짓기가 잦아지면 암탉의 깃털은 닳아서 벗겨지고, 등허리의 맨살이 다 드러난답니다.

짝짓기를 할 때 수탉은 암탉 머리꼭지를 부리로 꽉 물어 도망가지 못하게 한 다음, 암탉 등 위를 밟고 올라가요. 발톱으로는 암탉의 양 날갯죽지를 꽉 그러쥐고요. 짝짓기가 잦아지면 암탉의 깃털은 닳아서 벗겨지고, 등허리의 맨살이 다 드러난답니다. 심하면 살갗에 피까지 나기도 해요. 그 지경이 되면 암탉은 너무 고통스러워서 수탉을 피해 달아나게 돼요.

멋진 헤어스타일로 주목받던 신세대 닭 오골이 이젠 머리와 등이 훌훌 벗겨져 아줌마 닭이 다 되었답니다.

만약 수탉 한 마리에 암탉이 겨우 한두 마리라면 어떻게 될까요? 아마 암탉들은 머리 꼭대기부터 등허리까지 다 벗겨져서 너무 큰 고통을 겪을 거예요. 수탉의 잦은 짝짓기를 집중적으로 감당해야 하니까요. 또 수탉은 수탉대로 짝짓기 할 암탉이 너무 적으면 스트레스를 심하게 받는대요. 그러니까 평화로운 닭장이 되려면 수탉과 암탉의 비율을 잘 유지해 주는 게 좋겠지요.

첫째와 막내와 재수가 장가간 후, 닭장에는 수탉인 둘째와 암탉인 셋째가 남았습니다.

둘째는 이제 대가족의 가장이 되었어요. 둘째에겐 '돌돌이'라는 이름을 지어 주었죠. 몸집 큰 첫째와 성깔 사나운 막내 사이에서 가장 짓눌리던 녀석, 수컷들 중에서 가장 유순해서 짝짓기나 제대로 할지 영 의심스럽던 녀석이, 경쟁자 없이 혼자 남으니 비로소 수컷 노릇을 합니다.

돌돌이는 자상한 남자랍니다. 배춧잎을 주면 부리로 물어 톡톡 쪼개 내려놓으며 암컷들을 불러 양보해요. 어미닭들이 병아리한테 하는 행동을 수탉이 암탉에게 하다니. 처음엔 우연인가 싶었는데, 특별한 걸 줄 때마다 매번 똑같아요.

돌돌이는 이제 대가족의 가장이에요. 경쟁자 없이 혼자 남으니 비로소 수컷 노릇을 합니다.

오늘도 지푸라기 끝에 달린 낟알을 대 주니 얼른 쪼아서 바닥에 내려놓고는 "꼬고고고!" 하며 암탉들을 부르지 뭐예요. 그러자 제일 먼저 셋째가 달려와서 쪼아 먹었답니다. 둘째는 셋째가 먹도록 몇 번이고 그렇게 바닥에 놓아 주더니, 한참 있다가 자기 입에도 조금 넣었어요.

　그런데 이런 수컷의 행동을 오래 관찰하다 보니, 수컷이 암컷들을 챙기는 데에는 목적이 있다는 걸 알게 됐어요. 암탉을 모이 앞에 불러들인 뒤, 암탉이 모이를 먹느라고 고개를 숙이면 그 틈에 머리꼭지를 부리로 꽉 깨물어 올라타서 짝짓기를 하더라고요. 항상 그런 건 아니지만 가끔씩 그래요. 그러니까 이 모든 행동엔

종족 보존의 본능이 숨어 있는 거겠죠?

어쨌든 둘째는 이제 명실공히 닭장의 최고 권력자가 되었어요.

셋째는 닭장의 암탉들 가운데 가장 젊고 예뻐요. 물론 서열로는 맨 꼴찌라 아줌마 닭들 틈에서 눈칫밥을 홀짝홀짝 먹는 처지이지만, 겁날 때나 무서울 때 재빨리 달려가 숨는 곳은 언제나 둘째 오빠의 등 뒤랍니다.

셋째도 이름을 지어 줬어요. 순하니까 '순둥이'라고요.

순둥이는 태어난 지 6개월째인 11월부터 조금씩 알을 낳기 시작했어요. 이제나 저제나 순둥이 알 낳기만 기다리던 엄마는 "날이 추워 알 낳는 것도 좀 늦어졌던가 보다." 하시며 좋아했어요.

대규모 사육장의 산란용 닭들은 4개월이면 첫 알을 낳는대요. 알만 잘 낳도록 이미 유전자가 조작된 닭들인데다가, 항생제와 산란촉진제가 섞인 고단백질 사료를 먹이니까 알도 그렇게 일찍 낳는 걸 테지요. 사람들의 욕심은 정말 끝이 없는 것 같아요.

수탉들이 떠난 닭장에 새 식구들이 들어왔어요. 그중 하나는, 수탉들을 장가보낸 농장에서 데려온 젊은 암탉 '새내기'예요.

새내기는 사람을 전혀 겁내지 않고 아주 잘 따라요. 우리 집 닭

순둥이는 닭장의 암탉 중에서 가장 젊고 예뻐요. 물론 서열로는 맨 꼴찌라 아줌마 닭들 틈에서 눈칫밥을 먹고 있지만, 오빠 돌돌이가 있어 든든하답니다.

들은 병아리 때부터 낯을 익혀도 사람을 피해 달아나는데, 이 암탉은 내가 닭장에 들어가면 곁으로 다가오고, 내 손바닥에 놓인 모이를 비둘기처럼 쪼아 먹고, 깃털을 살살 쓰다듬으면 가만히 몸을 대 준답니다.

"부화기에서 깨어나 사람 손에서 자란 닭이라 그럴 거야."

엄마 말이 맞아요. 어미닭이 품어서 기른 우리 집 병아리들은 본능적으로 외부의 위험에 대처하는 경계심을 어미닭으로부터 배우거든요.

기계로 태어났든 어쨌든, 새내기는 내 마음에 쏙 들었답니다.

이렇게 다정다감한 닭을 어떻게 예뻐하지 않을 수 있겠어요?

또 다른 새 식구는 장날 닭전에서 데려온 암탉 두 마리, '꽁지'와 '꼬꼬'예요. 얘들은 우리 닭장의 넘버원 얼룩이보다도 몸집이 크답니다.

이렇게 덩치가 큰 닭을 '육계'라고 한대요. 말 그대로 '고기용 닭'이죠. 살이 잘 찌도록 종자 개량된 병아리에게 성장호르몬제와 단백질을 듬뿍 넣은 사료를 먹이는데, 어찌나 빨리 크는지 일반 닭보다 두 배의 속도로 두 배나 크게 자란대요. 고기로 팔려고 도살하는 닭의 90퍼센트 이상이 겨우 30~35일간 세상 구경을 한 어린 병아리라는 말을 듣고 나는 무척 놀랐어요.

"아, 우리 병아리들은 깬 지 한 달이 지났을 때도 여전히 엄마 품을 파고드는 조그만 병아리였는데……."

그나저나, 어린 병아리를 짧은 시간 안에 그렇게 무거운 고깃덩이로 바꿔 놓는 그 이상한 약들은 정말 사람 몸에 들어가도 괜찮은 걸까요?

꽁지와 꼬꼬는 몸집이 큰 만큼 알도 크게 낳지만, 행동은 느리고 둔해요. 짙은 색 깃털의 꽁지는 걸을 때 다리를 약간 절어요.

장날 닭전에서 데려와 새 식구가 된 육계, '꽁지'와 '꼬꼬'예요. "얘들아, 그동안 많이 힘들었지? 이제 우리 닭장에서 평화롭게 지내렴."

몸무게를 갑작스럽게 늘린 육계들은 거의 대부분 다리 장애를 겪는다던데, 꽁지도 그 후유증을 겪는가 봐요.

조금 밝은 색 꼬꼬는 부리 끝이 비정상적으로 뭉툭해요. 말로만 듣던 '부리 자르기'를 당한 게 분명해요. 비좁은 철망 안에 닭들을 빽빽하게 집어넣으면 스트레스를 견디지 못한 닭들이 서로를 쪼아 심지어 죽음에까지 이르는데, 그걸 방지한답시고 어린 병아리의 부리 끝을 아예 뭉툭하게 잘라 버린다죠. 닭의 부리에는 우리의 손톱 밑처럼 아주 예민한 말초신경이 뻗어 있어서, '부리 자르기'를 당한 병아리는 한동안 모이조차 먹을 수 없을 정도로 극심한 고통을 느낀대요. 사람들 눈에는 살아 있는 병아리는 안 보이고, 닭고기 상품과 돈만 보이나 봐요.

나는 사람들이 저지르는 일에 대해 꽁지와 꼬꼬에게 미안함을 느꼈어요. 지금도 여전히 고통받으며 살다가 죽어 가는 모든 닭들과 병아리들에게도요.

"꽁지야, 꼬꼬야. 그동안 많이 힘들었지? 이제 우리 닭장에서 마음 놓고 평화롭게 지내렴."

겨울나기

늦가을 날씨가 차가워요. 기온이 조금씩 떨어지자 닭들이 눈에 띄게 알을 적게 낳기 시작했어요. 하루에 대여섯 개씩 나오던 달걀이 고작 한두 개밖에 없는 거예요. 무슨 까닭인가 싶어 여기저기 알아보시던 엄마가 "아, 그렇구나!" 하고 무릎을 치셨어요.

닭들이 알을 적게 낳는 이유 중 하나는, 바로 닭들의 '겨울나기 준비' 때문이래요. 다가올 혹독한 겨울 추위에 대비하느라 체내의 단백질을 알을 만드는 데 쓰기보다는 깃털을 더 빽빽하게 하는 데 쓰는 거죠. 추워지면 병아리를 키울 수 없다는 걸 본능적으로 알고 있는 닭들의 아주 현명한 결정이랍니다. 염치없는 사람들이야 사시사철 닭들이 쉬지 않고 알을 뽑아 주길 바라겠지만요.

알이 적어진 이유로는 계절 탓도 있어요. 겨울에는 태양 고도

가 낮아지고 햇빛의 양이 적어지니까 닭들의 산란율도 자연스럽게 떨어진대요. 닭이 알을 낳는 데는 빛이 꼭 필요하거든요. 대규모 공장식 사육장에서는 이런 닭의 특징을 이용해서 달걀을 더 많이 뽑아내려고 사육장 안에 형광등을 환히 켜 둔다고 해요. 만물이 편안히 쉬는 어두운 밤에도 환한 불빛 아래서 쉴 틈 없이 알을 뽑아내야 하는 닭들은 얼마나 고달플까요?

1년은 365일. 1년 동안 젊고 건강한 우리 집 암탉 한 마리가 낳는 알의 개수는 200~250개쯤이랍니다. 그런데 공장식 사육장에서 사는 닭 한 마리가 1년 동안 낳는 알은 몇 개인 줄 아세요? 놀라지 마세요. 무려 500개가 넘는다고 해요! 1년 동안 단 하루도 쉬지 않고 한 개 이상의 알을 낳아야만 얻을 수 있는 양이지요.

계절에 상관없이 대형 마트에 달걀 상자가 가득 쌓여 있는 걸 보면, 공장식 사육장에서 기계처럼 달걀을 뽑아내는 산란용 닭들이 떠올라 마음이 무거워져요. 알을 덜 낳는 대신 추위를 막아 줄 깃털을 준비하는 지혜로운 닭들의 생체시계도 그곳에서는 전혀 작동하지 못하겠죠?

우리 닭들이 따뜻한 깃털 만들기로 겨울나기 준비를 시작하자,

깃털을 빽빽하게 만들며 닭들이 겨울나기 준비를 하는 동안 엄마 아빠도 닭장의 겨울 채비를 했어요. 바닥과 둥우리에 왕겨를 두툼하게 깔고, 바람을 막아 줄 비닐을 닭장에 둘러치고, 백열전구를 달았습니다.

엄마와 아빠도 닭장의 겨울 채비를 했어요. 닭장 바닥과 둥우리에 왕겨를 두툼하게 깔아 주고, 찬바람을 막을 수 있는 비닐을 닭장 바깥에 빙 둘러쳤습니다.

그리고 60촉 백열전구를 닭장 안에 설치했지요. 백열전구는 빛과 함께 열이 많이 발생하기 때문에 난로 역할을 할 수 있거든요. 한겨울 기온이 심하게 떨어질 때는 백열전구를 잠깐씩 켜 줄 생각이랍니다.

그래도 추위에 닭장 물이 어는 것을 막지는 못해요. 아주 추울 땐 하루에도 몇 번씩 얼어붙은 물그릇을 바꿔 주어야 한답니다.

낙엽이 지고, 첫눈이 내렸습니다.
우리 닭장의 꼬꼬닭 식구들은 비닐 닭장과 눈 쌓인 닭 놀이터를 들락거리면서 씩씩하게 겨울

하아, 추위. 하지만 추운 날씨에도 달걀을 낳아 주는 고마운 닭들에게 밥 주는 걸 빼먹을 순 없죠.

낙엽이 지고, 첫눈이 내렸습니다. 닭 놀이터에도 눈이 소복하게 쌓였어요. 추운 겨울에도 우리 닭장의 꼬꼬닭 식구들은 씩씩하게 겨울을 보냈습니다.

을 보냈어요.

 엄마와 나는 닭장 안에 모이가 부족하지 않은지 살피고, 날마다 꽁꽁 얼어붙는 물을 미지근한 물로 갈아 주고, 저녁마다 닭들이 횃대에 올라가기를 기다려 닭장의 비닐 문을 여며 닫고, 아침엔 다시 열어 주는 일을 반복했습니다.

 그리고…… 고맙게도 순둥이와 오골이와 새내기를 비롯한 암탉들은 한겨울 추위에도 천천히, 조금씩 우리 가족에게 달걀을 낳아 주었답니다.

2부

병아리, 사랑으로 살다

새봄의 꽃병아리

꽃순이는 타고난 엄마예요.

아들들 장가보내고 딸도 어엿한 암탉으로 키워 놓고, 따스한 봄기운에 취해 또다시 알들을 끌어안았어요.

스무하루가 또 지나고, 꽃순이의 병아리가 태어날 시간.

나는 아침부터 닭장 앞에 앉아 꽃순이만 들여다보고 있었어요. 갑자기 꽃순이 배 밑에서 뭔가 슬쩍 움직였어요. 온통 까만색이라서 처음엔 뭐가 뭔지 알아볼 수 없었는데, 그 까만 게 고개를 번쩍 드는 거예요!

"우아!"

나는 소리를 지르면서 엄마에게로 뛰어갔습니다.

"병아리예요! 엄마! 오골이 병아리예요!"

두 번째로 알을 품은 꽃순이에게서 까만 오골 병아리가 깨어났어요. 병아리 부리 끝에 하얗게 살짝 솟아난 부분이 보이세요? 알 속에서 만들어진 '난치'랍니다. 병아리는 난치로 딱딱한 알껍데기를 깨고 나와요.

엄마가 부리나케 달려오셨어요.

"아, 꽃순아. 네 아기 좀 보여 주렴."

엄마가 부탁하자마자 또다시 쏘옥 고개를 내미는 오골 병아리.

"이야! 정말 오골이네!" 엄마도 환호성을 질렀어요.

이렇게 까만 오골 병아리는 처음 봐요. 오골이의 알이 꽃순이 품에서 오골 병아리로 태어난 거죠. 오골이의 알이라 해도, 이 아이의 엄마는 누가 뭐래도 온 정성을 다해 알을 품어 준 흑자보, 바로 '꽃순이'랍니다.

잘 들여다보면 병아리 부리 끝에 하얗게 살짝 솟아난 부분을 찾을 수 있어요. 알 속에서 만들어진 '난치'랍니다. 알 속의 병아리는 저 난치로 알껍데기를 깨고 나와요. 어떻게 그렇게 잘 아느냐고요? 에이, 그쯤이야! 어린이 과학책에 다 나와 있던걸요? 책에서 본 난치를 우리 집 병아리 부리 끝에서 직접 확인하니까 참 신기했어요. 그런데 이 난치는 병아리가 자라면서 곧 없어진다고 해요. 모이를 쪼아 먹는 데는 부리 끝의 난치가 별 쓸모가 없을 테니까요.

맨 처음 깨어난 오골 병아리는 호기심이 많은 것 같아요. 엄마 품을 빠져나와 여기저기 두리번거리며 한참을 놀다가 다시 엄마한테로 돌아갑니다. 궁둥이가 무척 귀여워요.

꽃순이의 몸 아래에는 깨진 알껍데기와 이제 막 구멍이 생기기 시작한 알들이 있어요. 조금 있으려니, 이번엔 진노랑색 병아리가 엄마 품에서 쏙 나와 세상 구경을 합니다. 이어서, 머리 꼭지에 까만 점이 찍힌 크림색 병아리가 고개를 내밀고요. 아, 정말 사랑스러워요.

점심 먹고 나와 보니 그새 네 마리로 불어나 있었어요. 신기하게도 병아리들 털 빛깔이 다 달라요. 꽃순이가 품었던 알은 모두 일곱 개였는데, 이 네 마리가 전부일까요? 아니면 더 있을까요?

꽃순이가 배고플 것 같아서 모이를 둥우리 안쪽으로 휙 뿌려 줬어요. 꽃순이는 앉은 자세 그대로 반갑게 쪼아 먹어요. 혼자만 먹는 게 아니라 "꼬고고고……." 소리를 내어 배 밑의 아기들까지 불러내 먹입니다. 하지만, 갓 깨어난 병아리들은 모이를 하루 이틀쯤 먹지 않아도 하나도 배고프지 않대요. 알 속에서부터 가지고 나온 조그만 난황이 배 밑에 붙어 있거든요.

난황이 뭐냐고요? 바로 달걀노른자가 난황이에요. 노른자는

점심 먹고 나와 보니 그새 네 마리로 불어나 있었어요. 신기하게도 병아리들 털 빛깔이 다 달라요. 이 네 마리가 전부일까요?

달걀 속에서 병아리가 만들어지는 동안 병아리 몸에 영양분이 되어 주는 도시락 같은 거랍니다. 막 깨어났을 때 병아리 배에는 마치 젖먹이 동물의 배꼽처럼, 실핏줄로 얽힌 노란 난황이 조그맣게 매달려 있어요. 이 난황도 난치처럼 하루 이틀 지나면 없어진답니다.

병아리가 어미닭과 첫 눈맞춤을 해요. 조그만 부리로 톡톡 엄마 부리를 건드리면, 엄마는 한없이 따뜻한 눈으로 지그시 아기를 바라보지요.

제 몸 밑에서 아기들이 움직이기 시작한 순간부터 꽃순이는 바깥출입을 일절 삼가고, 배고프고 목마른 것도 꾹 참고, 아기들이 온전히 깨어날 수 있도록 온 힘을 다했어요. 만 이틀 동안 꿋꿋이 제자리를 지킨 꽃순이는 졸음을 이기지 못해 수시로 졸아요. 엄마와 내가 교대로 제 코앞에 카메라를 들이대고 앉아 있어도, 졸음만은 참을 수가 없나 봐요. 하지만 그렇게 졸다가도 아기들이 배 밑에서 조금이라도 들썩이면 금세 깬답니다.

대단한 꽃순이. 어미닭 꽃순이.

무녀리 구출 작전

일곱 개의 알을 품었던 꽃순이는 모두 일곱 마리의 병아리를 깠어요.

"꽃순인 자식 농사 100퍼센트 성공했네!"

엄마가 웃으며 말했어요.

암탉들의 병아리 부화율은 평균 80퍼센트라고 해요. 그러니까 꽃순이는 정말 대단한 거죠!

꽃순이의 병아리가 태어난 지 이틀 뒤, 얼룩이의 병아리도 깨어났어요.

얼룩이는 이번에도 우리 가족의 애를 참 많이 태웠답니다. 작년처럼요. 알에 구멍이 막 생기기 시작하는데 둥우리를 뛰쳐나가 모이를 한참 먹다 돌아오질 않나, 털이 채 마르지도 않은 새끼들이 울부짖는데도 둥우리 밖으로 놀러 나가 버리질 않나.

엄마는 한숨을 내쉬며 얼룩이한테 이렇게 말했어요.

"얼룩아, 자꾸 비교해서 안됐지만, 꽃순이 어미 노릇 좀 봐라."

'아, 들어간다니까요, 들어가요! 잔소리 좀 하지 마삼.'

얼룩이가 겨우 들어갔습니다.

그런데 얼룩이 병아리들이 또 자꾸 졸아요. 결정적인 순간에 충분한 체온을 못 받아서 그러나? 나는 걱정이 되어 얼룩이의 날

태어날 때 엄마의 체온을 충분히 받지 못해서인지, 얼룩이의 병아리들은 틈만 나면 졸아요.

개를 살짝 들춰 병아리들을 안으로 밀어 넣어 주었어요. 그러거나 말거나, 얼룩인 관심도 없네요.

병아리들에게 가장 치명적인 건 바로 저체온증이에요. 봄날 학교 앞에서 파는 병아리들이 금세 죽는 이유도 대개 저체온증 탓이래요. 상자 안에 60촉 백열등만 켜 놓아도 살릴 수 있는데, 좁쌀과 물만 주면서 자꾸 손으로 들어 올려 주물럭거리니 버텨 내질 못하는 거죠.

잠시 집 안에 들어갔다가 다시 나왔을 때, 나는 깜짝 놀랐어요.

얼룩이가 갓 깨어난 병아리들을 이끌고 나와 벌써부터 둥우리 밖에서 놀고 있지 뭐예요? 그런데 더 큰 문제는 얼룩이의 둥우리에 네 개의 알이 남겨져 있다는 거예요. 그 중 두 개는 이미 조그맣게 난 구멍으로 병아리의 부리가 들락날락하고 있고요!

"엄마! 큰일 났어요! 알이 깨려고 하는데 얼룩이가 나가 버렸어요!"

엄마가 다급히 뛰어나와 지체 없이 닭장에서 얼룩이의 둥우리 상자를 끌어냈어요.

"일단 살리고 보자!"

엄마는 백열등을 켜고 종지에 물을 담아
병아리 인큐베이터를 만들어 주었어요.

부리 속에서 작은 혀가 몇 번이고
헐떡거리더니 이내 숨을 거두고 말았어요.

　얼룩이의 둥우리 상자를 집 안으로 가지고 들어온 엄마는, 장롱에서 내 털장갑을 꺼내 장갑 한 짝에 알 두 개씩 담았어요. 그리고 창고에서 가져온 백열등을 켜 주고, 습도 조절을 위해 종지에 물을 담아 둥우리에 넣었어요. 그리고 엄마가 쓰고 있던 모자를 벗어 살며시 덮어 주었습니다. 얼룩이의 둥우리는 순식간에 병아리 인큐베이터가 되었지요.

　"조금만 더 힘내서, 살아 주면 참 고맙겠다……."

나는 둥우리에서 눈을 떼지 않고 지켜보았어요.

알 하나가 구멍이 조금씩 커지면서, 가냘픈 "삐약!" 소리가 들려옵니다. 곧 깨어날 것 같아요. 하지만 또 하나의 알은 부리 속에서 작은 혀가 몇 번이고 헐떡거리다가 움직임을 멈추더니 이내 숨을 거두고 말았어요.

엄마는 움직임이 없는 알들을 장갑에서 꺼냈어요. 구멍이 나지 않았던 다른 두 개의 알들은 조용합니다. 흔들어 보니 하나는 곯았고, 하나는 병아리로 크지 못한 채 숨진 것 같아요.

"삐약 삐약 삐약!"

얼룩이가 품었던 마지막 알이 드디어 깨어납니다. 조금씩 알 중간에 금이 가는가 싶더니 어느 순간 절반으로 알껍데기가 쩍 벌어지면서 가냘픈 병아리가 발버둥을 치며 나와요. 비록 제 어미의 품은 아니지만 엄마와 내가 지켜보는 앞에서, 제일 약하고 뒤늦은 '무녀리'가 무사히 깨어났어요.

'무녀리'란 말을 나는 엄마한테 처음 들었어요. 사전을 찾아보니까 '한 배에서 먼저 태어나 무리 중에 가장 보잘것없고 작은 짐승의 새끼'라고 나와 있어요. 물론 이 병아리는 '먼저'가 아니

얼룩이의 마지막 알에서 갓 깨어난 병아리 무녀리예요. 털이 흠뻑 젖어 있고, 배 밑에 난황이 매달려 있어요.

내가 모자를 살짝 들추니까 "삐약삐약!" 소리를 내며 반가운 기색으로 다가옵니다. 혹시 나를 엄마로 아는 걸까요?

라 '맨 나중'에 태어나긴 했지만, 버림받았고 미숙하니까 우린 그냥 '무녀리'라 부르기로 했답니다.

갓 깨어난 무녀리는 털이 흠뻑 젖어 있고, 배 밑에는 핏덩이 같은 난황이 조그맣게 매달려 있어요.

나는 책에서만 보았던 갓 깬 병아리의 난황을 실제로는 처음 보았어요. 병아리들이 어미 품속에서 깼다면 결코 볼 수 없었을 거예요. 이거 참…… 얼룩이에게 감사해야 하나요?

무녀리의 털이 조금씩 말라 가고 있어요. 내가 모자를 살짝 들추니까 "삐약삐약!" 소리를 내며 허둥지둥, 비틀비틀, 반가운 기색으로 다가옵니다. 새들은 태어나서 처음 보는 대상을 어미로 안다는데, 이 무녀리도 혹시 나를 엄마로 아는 걸까요?

힘겹게 세상에 온 만큼 잘 살아 주면 좋겠습니다.

털 다 마르고 두 발에 힘 생겨 일어서면, 오늘 저녁 꽃순이 품속에 넣어 줄 거예요.

치유의 품

아침에 닭장에 나가 보니 엄마 노릇이 한창이어야 할 얼룩이가 혼자 돌아다니고 있어요.

"아니 얼룩아, 네 새끼들은?"

세상에, 꽃순이 품이 초만원이에요! 서로 들어가려고 발버둥치고, 또 한쪽에서는 밀려서 삐져나오고……. 비둘기처럼 작은 꽃순이 몸에 열여섯 병아리가 다 모였어요! 꽃순이가 품어 낸 일곱 마리에, 얼룩이의 병아리 아홉 마리까지 더해서이지요. 신기하기도 하고, 어이없기도 하고 그래요.

힘센 녀석한테 밀려 엉덩방아를 찧는 아이, 파고들 틈을 찾아 뒤쪽을 기웃거리는 아이, 엄마 잔등 위로 폴짝 뛰어올라 주루룩 미끄럼을 타고 내려오는 아이까지……. 병아리들이 열여섯 마리

꽃순이 품이 초만원이에요! 서로 들어가려고 발버둥치고, 또 한쪽에서는 밀려서 삐져나오고, 비둘기처럼 작은 꽃순이 몸에 얼룩이 새끼들까지 합세해 열여섯 병아리가 다 모였어요!

가 아니라 백육십 마리라 해도, 꽃순이는 넉넉히 다 품어 낼 것만 같아요.

　꽃순이 품속으로 들어간 병아리들은 모두 눈망울이 살아났어요. 발걸음도 빨라졌고요. 백열전구 밑에서 태어난 무녀리도 꽃순이 품으로 기어 들어간 후 아슬아슬하게 기운을 차렸답니다.

　엄마는 꽃순이의 품이 '치유의 품'이래요. 날갯죽지가 뻐근하도록 아이들을 한 품에 다 껴안고 지그시 눈 감고 앉아 있을 때면, 성모님 보살님이 따로 없다고요. 엄마는 엄마라서 같은 엄마의 마음을 잘 아는가 봐요.

엄마만큼은 아니겠지만, 나도 꽃순이의 저런 모습을 보면 괜히 가슴이 뭉클해져요. 꽃순이는 정말 '큰 엄마'라는 생각이 들어요. 몸집은 새처럼 작지만 마음은 바다처럼 큰 엄마.

꽃순이가 열여섯 마리 병아리들을 한 몸에 다 껴안고 있을 때, 얼룩이는 뭐가 불만인지 잔뜩 부은 얼굴로 기둥 뒤에 숨어 있네요. 마치 '자식새끼 키워 봐야 다 소용없어.' 하는 듯이요.

내가 모이를 던져 주니까 꽃순이가 '꼬고고고……. 얘들아, 밥 먹자!' 외치며 자리에서 일어섰어요. 날개 밑에 웅크려 있던 병아리들도 와르르 쏟아져 나와 한바탕 신 나게 모이를 쪼아 먹었어요. 그런데 식탐대마왕 얼룩이가 이번엔 어쩐 일로 꽃순이보다 먼저 뒤로 물러나 앉네요. 꽃순이가 발로 헤집어 모이를 찾아내는 동안, 밥 다 먹은 아기들이 얼룩이 품을 기웃기웃 탐색해요.

와! 얼룩이에게도 드디어 기회가 주어졌어요! 병아리들이 하나둘씩 얼룩이 품으로 들어가기 시작했어요. 이제야 얼룩이가 좀 덜 외로워 보이네요.

"얼룩아, 그 큰 덩치 뒀다 어디 쓸래? 그렇게 아기들 많이 많이 품어 줘. 어때, 너도 좋지?"

꽃순이가 발로 헤집어 모이를 찾아내는 동안, 밥을 다 먹은 아기들이 얼룩이 품으로 들어가요.
얼룩이에게도 병아리들을 품을 기회가 생겼어요.

날개깃의 비밀

병아리들이 알에서 깨어난 지 닷새쯤 지났어요. 예쁜 날개깃이 나왔습니다. 이맘때쯤 엄마와 나는 병아리 날개깃을 자세히 살펴요. 왜냐고요? 병아리가 암컷인지 수컷인지 알고 싶어서죠.

갓 태어났을 때는 병아리 항문을 약간 뒤집어 노출해 돌기가 있나 없나를 보고 암수를 구별하는데, 숙련된 병아리 감별사가 아니면 쉽지 않대요. 병아리 항문께 적당한 힘을 주어야 하는데, 자칫 세게 했다간 병아리가 죽는다지요.

미국에서는 병아리 감별사에 의해 매일 50만 마리가 넘는 수평아리가 죽는다고 해요. 알을 낳지 못하는 수컷을 쓸모없다고 생각해서 태어나자마자 죽여 버리는 거예요. 생각할수록 불쌍하고 끔찍하지 뭐예요? 암수를 구별하는 또 하나의 방법은, 깨어난 지

날개깃이 길쭉하고 꽁지깃이 먼저 나오는 병아리는 대개 암컷, 날개깃이 짧고 꽁지깃이 늦게 나오는 병아리는 수컷이라고 해요.

일주일 안팎인 이맘때쯤 날개깃과 꽁지깃을 보는 거예요. 날개깃이 길쭉하고 꽁지깃이 먼저 나오는 병아리는 대개 암컷, 날개깃이 짧고 꽁지깃이 늦게 나오는 병아리는 수컷이라고 해요.

그런데 이 구분법은 햇병아리 때만 사용

할 수 있어요. 조금 더 자라면 외모가 비슷비슷해지거든요. 물론 중병아리쯤 되면 볏의 크기와 몸의 형태를 보고 다시 암수를 구분할 수 있지만요.

"어디 보자."

나는 병아리들의 꽁지와 날개를 한눈에 훑어보았어요. 암평아리의 천사 날개가 수평아리보다 조금 많아 보여요. 아, 다행이다.

수탉을 많이 키울 수 없기 때문에, 수평아리들이 다 크면 어디로 보낼지 무척 고민이 되거든요. 에잇, 닭들은 왜 일부일처제가 안 되는 거람?

"수컷 한 마리에 암컷 열 마리가 짝이 될 바엔 처음부터 암평아리가 수평아리보다 열 배 많이 태어나게 해 주시면 안 될까요? 네? 하느님!"

생떼를 쓰는 나를 보며 엄마가 슬며시 눈을 흘겨요. 헤헤.

엄마가 된 순둥이

셋째 병아리 기억나세요? 물만 자꾸 먹던 그 귀여운 셋째요.

꽃순이가 고이고이 품어 키운 딸, 셋째 병아리 순둥이가 벌써 엄마가 된대요!

난생처음 알을 품어 보는 순둥이가 꿈쩍도 안 하고 그 긴 시간 둥우리를 지키는 모습은 참 감동적이었어요. 어찌나 움직임이 없던지, 혹시 굶어 죽은 게 아닌가 싶어서 엄마랑 내가 수시로 들여다볼 정도였다니까요.

참 이상하죠? 닭장 안의 한 식구인 졸졸이와 귀여니, 꼬꼬와 꽁지, 새내기와 오골이 들은 분명 암탉이지만 전혀 알 품을 생각을 안 해요. 사람들이 알만 낳는 산란닭 또는 살만 찌는 고기용 닭으로 유전자를 조작해 놓았기 때문에 새끼 키우는 법을 모르는

순둥이 둥우리에서 심상찮은 소리가 난다 했더니만 드디어 아기들이 깨어나기 시작했어요! 아직 덜 깬 알들은 배 밑에서 열심히 애쓰고 있네요. "힘내라, 힘!"

알에서 깨어난 지 보름쯤 지나니 병아리들의 날개깃이 많이 자랐어요.

거라고 엄마가 말하셨어요. 하지만 순둥이는 그런 유전자를 물려받지 않았어요. 이렇게 열심히 병아리를 까는 걸 보니 알 품을 줄 아는 닭의 소생이 분명한 것 같아요.

순둥이 둥우리에서 심상찮은 소리가 난다 했더니만 드디어 병아리들이 깨어나기 시작했어요! 노란 병아리 한 마리가 맨 먼저 깨어났고, 아직 덜 깬 알들은 배 밑에서 열심히 애쓰고 있네요.

"힘내라, 힘!"

하나, 둘, 셋, 넷……, 모두 일곱 마리나 깨어났어요!

알에서 깨어난 지 보름쯤 지나니 병아리들의 날개깃이 많이 자랐어요. 순둥이도 날마다 일곱 마리의 병아리들을 이끌고 나와 닭 놀이터에서 놉니다.

그런데 순둥이는 새끼들을 키우면서 '순둥이'라는 이름이 무색해질 만큼 표독스러워졌어요. 제 새끼만 귀한 줄 알지 뭐예요? 두어 주 먼저 깨어난 꽃순이와 얼룩이의 병아리들이 반경 1미터 안에만 들어와도 사정없이 달려들어 쪼아 버려요. 세상에, 얼마나 사납다고요!

성격 까칠한 꽃순이는 오히려 순둥이의 어린 병아리들이 모이를 먹으려고 하면 자리를 비켜 주고, 작은 물그릇의 물도 아기들과 함께 마시는데 말이지요.

순둥이는 제 엄마의 너그러움까지 배우지는 못했나 봐요. 아니면 아직 초보 엄마라서 마음의 여유가 부족한 걸까요?

꽃순이, 얼룩이, 순둥이…… 이렇게 세 엄마들이 아이들 뒷바라지 하느라 여념이 없는 동안, 새끼 안 딸린 암탉들은 뭘 하고 있을까요?

수탉과 짝짓기 하느라 깃털은 좀 상했지만, 여전히 알도 쑥쑥 잘 낳고, 흙 목욕도 신 나게 하면서 씩씩하게 잘 지내고 있답니다.

'우리 닭장에 엄마랑 애들만 있는 건 아니거든요? 자유분방한 인생을 즐기고 있는 우리 생모들한테도 관심 좀 가져 주세요!'

자연식이 좋아

우리 닭들은 풀과 싸라기, 청치와 쌀겨 가루를 먹고 살아요. 파리와 메뚜기와 애벌레는 최고의 간식이고요.

'청치'는 잘 여물지 못한 벼 낟알이에요. 푸른색을 띠는 낟알이 많아 청치라고 해요. 쌀을 찧는 정미소에는 청치가 늘 조금씩 모이게 마련이죠. 엄마는 가끔 농협 정미소에 들러 싸라기나 청치가 있는지 물어요. 정미소에 갔다가 운 좋게 청치 한 포대를 구해 온 날엔 엄마 기분이 아주 좋아요. 그도 그럴 것이, 사료보다 훨씬 양이 많은데도 값은 사료보다 싸거든요.

'싸라기'는 쌀 부스러기예요. 어려서부터 사료만 먹고 컸을 꽁지와 꼬꼬는, 처음 우리 집에 왔을 때 싸라기를 반기지 않았어요. 마지못해 입을 조금 댈 뿐 통 먹지를 않고 '다른 것 없나' 하는 표정으로 두리번두리번 찾는 거예요. 패스트푸드에 길들여진 아이들 입맛처럼, 닭들도 그런가 봐요.

쌀겨 가루는 쌀알을 깎아 낸 가루니까 사실 귀한 쌀가루지요. 쌀겨 가루는 팍팍해서 청치에 섞어 주거나 풀과 함께 버무려서 줍니다. 기름집에서 가져온 깻묵*도 가끔 주고요.

청치나 싸라기가 다 떨어졌을 때 무항생제 사료를 사다 먹인 적이 있어요. 엄마는 닭들이 청치나 쌀겨 가루를 먹을 때보다 사료를 먹을 때 알을 조금 더 잘 낳는 것 같대요. 사료에는 첨가된 영양소가 많은가 보죠? 하지만 아빠는 "달걀이 부족하면 부족한 대로 적게 먹읍시다." 하셔요.

달걀껍데기와 조개껍데기, 게껍데기 같은 것도 말렸다가 쇠절구에 빻아서 모이와 섞어 줍니다. 암탉의 몸이 달걀을 잘 만들려면 칼슘이 필요하거든요.

풀이 나는 계절엔 닭들에게 풀을 많이 줘요. 엄마는 별꽃, 고마리, 개망초, 강아지풀, 돌피 등등 갖가지 풀들을 베어 와서 작두로 잘게 썬 다음 쌀겨 가루에 버무려서 닭들한테 줍니다.

* 기름을 짜고 남은 깨 찌꺼기를 뭉쳐 놓은 것

'청치'는 잘 여물지 못한 벼 낟알이에요. 이름처럼 푸른색을 띄는 낟알이 많아요.

달걀껍데기와 조개껍데기, 게껍데기 같은 것도 말렸다가 빻아서 모이와 섞어 줍니다.

별꽃, 고마리, 개망초 등등 제철 풀들로 식욕을 돋우기도 하고요.

갖가지 풀들을 쌀겨 가루에 버무려서 만든 닭들의 웰빙 비빔밥!

꽁지와 꼬꼬가 처음 우리 닭장에 왔을 때는 풀에 입도 안 대더라고요. 정신없이 달려들어 풀을 먹는 닭장 식구들을 보면서 멀뚱멀뚱 했어요. '뭐 저런 걸 먹나' 하는 표정이었죠. 하지만 시간이 지나면서 이내 적응했답니다. 지금은 풀을 아주 좋아해요. 우리 닭장의 일원이 된 거예요.

풀을 주면 어미닭도, 병아리도 두 발로 헤집어 가며 잘 먹어요. 풀 종류는 초겨울 김장할 때까지 얼마든지 줄 수 있답니다. 가을걷이한 밭에는 온갖 채소 이파리들이 지천이고, 김장 배추 겉잎과 무청들도 얼마나 많다고요.

무녀리 기억나세요? 백열전구 인큐베이터에서 아슬아슬 태어났던 늦둥이 말이에요. 몇 번의 고비가 있었지만, 꽃순이의 '치유의 품'에서 건강해진 무녀리는 쌀겨 가루를 아주 좋아한답니다.

닭들이 쌀겨 가루를 먹을 땐, 간혹 목이 메여 기침도 하고 물도 자주 마셔요. 아무래도 청치나 싸라기보다는 팍팍하니까요.

"얘들아, 자연식 맛있게 먹고 건강하게 자라렴!"

풀을 주면 어미닭도, 병아리도 두 발로 헤집어 가며 잘 먹어요. 쌀겨 가루를 먹을 땐 간혹 목이 메여 "켁켁!" 기침도 하고요.

보리의 두 번째 닭장 습격

그날, 엄마는 저물어 가는 오후 햇살을 받으며 새로 심은 방울 토마토와 화초들에 물을 뿌리고 있었어요. 폭풍 전야의 평화로운 순간이었죠.

그때 갑자기 닭장에서 들려오는 다급한 닭들의 비명!

엄마가 고개를 돌리자 닭 놀이터 철망 안에 하얗고 거대한 털 뭉치가 이리저리 날뛰고 있었어요! 닭들은 혼비백산하여 그물망 위로 날아오르고요. 순간 엄마는 물 호스를 내던지고 비호같이 닭장 안으로 뛰어들었답니다.

보리였어요! 엄마는 혼신의 힘을 다해 보리 모가지를 붙잡고 끌어당겼어요. 그 와중에도 보리는 닭들을 향해 게거품을 물고 헐떡이며 덤볐답니다. 하얀 닭털이 봄날의 벚꽃처럼 사방팔방

호시탐탐 기회를 노리던 보리가 또 한 번 닭장을 습격했어요! 왕창 뽑힌 닭털들이 닭 놀이터 구석에 뒹굴고 있는 광경이 처참하네요.

아아, 이게 웬일이람! 보리야 너 정말 이럴래?

으로 펄펄 휘날렸어요. 엄마는 덩치 큰 보리를 끌어내느라 닭 놀이터 바닥에 아주 뒹굴 지경이었어요.

겨우겨우 보리를 닭장 밖으로 질질 끌어낸 엄마는, "지수야! 지수야!" 소리를 지르면서 나에게 지원을 요청했어요.

그런 일이 일어난 줄은 꿈에도 모르고 집 안에서 놀고 있던 나는 엄마의 외치는 소리를 듣고 놀라 뛰쳐나갔어요.

"보리 목줄 좀 붙잡아!"

  엄마와 나는 보리를 간신히 개집까지 끌고 가서 쇠줄이 풀리지 않도록 몇 겹으로 묶었습니다. 있는 힘껏 쇠줄을 잡아당기느라 엄마 손바닥은 마찰 자국이 선명했고, 녹으로 시뻘개졌어요.

  엄마랑 내가 닭장으로 돌아가 보니, 닭 놀이터 구석에 왕창 뽑힌 닭털들이 뒹굴고 있어요. 보리 습격 순간의 처참하고 다급했던 상황이 눈에 훤해요.

  보리의 닭장 습격은 이번이 처음이 아니에요. 지지난 겨울, 우리가 처음 키웠던 토실토실한 암탉 두 마리도 목줄이 풀린 보리에게 처참하게 희생되고 말았지요. 그 후 보리 집은 닭장과는 정반대편으로 이사를 했어요. 닭이 보리 눈에 아예 안 띄도록 말이에요. 그런데도 보리는 호시탐탐 닭들을 노려요. 전생에 닭하고 무슨 원수가 졌는지 모르겠어요. 닭 소리가 조금만 들려도 으르렁거리며 못 잡아먹어 안달이에요.

  보리의 와이어 목줄은 기둥에서 완전히 풀려 있었어요. 얼마

전 아빠가 보리의 무거운 사슬을 가벼운 강철 와이어로 바꿔 주었는데, 아마도 그때 기둥에 매단 부분이 허술했던 모양이에요. 그동안 보리는, 소리만 들리고 모습은 안 보이는 닭을 속으로 얼마나 증오하며 이를 갈고 있었던 걸까요? 목줄이 풀리자마자 기다렸다는 듯이 닭 놀이터를 덮친 것 좀 보세요. 영리하게도, 텃밭에 있던 엄마의 눈을 피해 집 뒤쪽으로 몰래 돌아가서, 닭장 옆 퇴비 자루를 펄쩍 딛고 올라가 실그물망을 찢고 뛰어든 거죠. 쌓아 둔 퇴비 자루 더미가 보리 발톱에 찢겨 엉망이 되어 있었어요.

엄마와 나는 뛰는 가슴을 진정시키며 닭과 병아리들을 살폈어요. 아, 절반 이상이 안 보였어요. 최근 어미가 된 순둥이, 새내기, 귀여니와 졸졸이, 그리고 병아리 상당수가 없어졌어요. 남아 있는 닭들은 닭장 구석에 옹기종기 모여 두려움에 떨고 있었고요. 그래도 천만다행인 것은, 닭이나 병아리의 시체가 발견되지 않았다는 거예요. 우리는 가슴을 쓸어내렸어요.

내가 순둥이를 찾아냈을 때, 순둥이는 얼마나 놀랐던지 둥우리 탁자 뒤 비좁은 틈에 낀 채 머리를 처박고 있었어요. 그 와중에도 제 어린 새끼 일곱 마리를 빠짐없이 챙겨 날개 밑에 품고 있었

털이 다 뜯겨 엉덩이 살이 그대로 드러난 순둥이 좀 보세요!
보리가 한입에 엉덩이를 물었나 봐요. 꽁지 털만 왕창 뜯기고
살아남은 게 기적이었어요.

답니다. 그런데 이게 웬일? 순둥이 꽁지 털이 다 뜯겨 엉덩이 살이 그대로 드러나 있는 게 아니겠어요? 보리가 한입에 엉덩이를 물었나 봐요. 꽁지 털만 왕창 뜯기고 살아남은 게 기적이었어요.

"어휴, 살았으니 망정이지. 우리 순둥이, 새끼들 크는 것도 다 못 보고 저세상 갈 뻔했구나."

뒷산으로도 도망가고, 마루 밑에도 처박히고……. 엄마랑 나는 집 여기저기 흩어진 닭들과 병아리들을 하나씩 찾아내어 기다란 작대기로 몰아서 닭장 안으로 집어넣었어요. 하지만 귀여니와 졸졸이는 끝내 안 보였어요.

한참 기운이 빠져 주저앉아 있는데, 산 쪽에서 부스럭거리는 소리가 나요. 얼른 가서 보니 귀여니가 산을 내려오고 있어요. 많이 놀라서인지 산 아래까지 다 내려와서도 자꾸 망설여요. 엄마는 귀여니 뒤쪽으로 에돌아가서 살살 작대기로 몰아 귀여니를 닭장에 집어넣는 데 성공했답니다!

하지만 졸졸이는 날이 저물도록 돌아오지 않았습니다.

"아, 알 잘 낳던 졸졸이…… 날씬닭 졸졸이. 제발 무사히 귀환하라. 오바."

다음 날 아침, 어제의 충격이 채 가시지 않은 닭 놀이터에, 그래도 모두들 나왔어요. 엉덩이가 벗겨진 순둥이도 새끼들을 열심히 챙기고 있고, 꽃순이와 얼룩이도 중병아리들과 아침 산책을 하고 있어요. 그런데 한 번 놀란 닭들은 이제 바깥에서 무슨 기척만 나도 깜짝 놀라 일제히 고개를 쳐들어요.

보리의 습격을 받은 뒤로, 다 큰 중병아리 녀석들도 갑자기 어리광이 심해졌어요. 각자 혼자서 잘만 돌아다니던 중병아리들이 대형 괴물한테 혼비백산한 후로는, 꽃순 엄마의 품속으로 자꾸만 파고들어요. 어디서 '툭!' 소리만 들려도 바짝 긴장하는 거 있죠! '자라 보고 놀란 가슴 솥뚜껑 보고 놀란다'는 말이 딱 맞네요.

오전 10시 반경, 드디어 졸졸이가 하산했어요.

"졸졸아! 너 어디 갔다 이제 오니?"

나는 어찌나 반가운지 졸졸이를 와락 껴안고 싶었답니다.

나의 호들갑에도 아랑곳하지 않고 졸졸이는 언제 무슨 큰일이라도 있었냐는 듯이 태연하게 닭장 출입구를 찾더니만, 닭장에 들어서자마자 둥우리에 냉큼 올라가 앉아 알을 낳았습니다.

둥우리에는 따뜻한 알이 새로 놓이고, 닭장은 다시 평온해졌어

보리의 닭장 습격 이후, 닭들은 바깥에서 무슨 기척만 나도 화들짝 놀라 고개를 쳐들어요. 혼자서 잘 다니던 중병아리들도 어리광이 심해졌고요. 다닥다닥 몸을 붙이고 바짝 긴장한 모습들 좀 보세요.

요. 보리의 살 떨리는 대습격에도 불구하고, 또 수많은 닭과 병아리들의 가출과 피난에도 불구하고, 다행히 모두 무사했어요. 보리가 닭 놀이터에 뛰어든 그 순간 엄마가 가까이 있었기에 망정이지, 그때 만약 우리 모두 외출했거나 집 안에 있느라 아무 소리도 못 들었다면 어찌 되었을까요? 아, 생각만 해도 아찔해요.

일단 사태가 정리되고 나자 엄마는 괘씸한 보리를 징계할 방법을 궁리하셨어요.

"옳거니! 어제 감자탕 집에서 가져온 맛난 돼지 뼈, 절대로 안 줄 거야!"

하지만 오래지 않아 마음이 약해진 엄마는 결국 보리에게 돼지 뼈를 던져 주고 말았답니다.

어쨌든 죽은 닭이 한 마리도 없어서 다행이에요. 오늘 달걀도 다섯 개나 생겼고요. 휴, 다 잘 됐어요.

보리는 닭장을 습격한 털뭉치 괴물의 모습을 싹 벗고, 평소의 다정하고 싹싹한 삽살개의 모습으로 돌아왔어요.

꼬맹이의 기적

순둥이의 병아리들은 다른 병아리들에 비해 2주나 늦게 태어났기 때문에 아직은 엄마 품이 더 필요해요. 하지만 순둥이는 그 아이들을 매몰차게 떼어 놓고 다시 한 번 새끼를 까겠다고 둥우리에 틀어박혀 버렸답니다. 이 끔찍한 염천 더위에 말이에요.

그런데, 순둥이 병아리들 중에서도 유난히 조그만 몸집의 흰 병아리가 있어요. 같은 날 알에서 깨어난 형제들 중에서도 가장 뒤처지고 안 자라서 안쓰러운 녀석이에요. 바로 '꼬맹이'입니다.

순둥이가 둥우리에 틀어박혀 두문불출한 후부터 꼬맹이는 날이 갈수록 비참해졌어요.

낮에는 어른 닭들과 중병아리 언니들 틈에 끼어들어 모이 챙겨 먹기도 벅찼고, 밤이면 따뜻하게 품어 줄 엄마 품이 없어 추위

순둥이의 새끼들 중에서도 유난히 조그만 몸집의 흰 병아리 꼬맹이는 어른 닭들과 중병아리 언니들에게 치여, 갈수록 초췌해졌어요.

얼룩이와 꽃순이의 다 큰 병아리들에 일찌감치 엄마를 잃은 순둥이의 병아리들까지 가세해 작은 둥우리는 아예 포화 상태가 되었어요.

를 견디기가 힘들었지요. 이러다간 어느 날 '픽' 쓰러져 먼 길 떠날 것만 같았어요.

얼룩이와 꽃순이의 다 커 버린 열여섯 마리 중병아리들에다가 일찌감치 엄마 품을 떠나야 했던 순둥이의 병아리들까지 가세하니, 작은 둥우리는 포화 상태가 되었어요. 책임감 강한 어미, 꽃순이가 어떻게든 다 품어 안으려 안간힘을 써 보지만 쉽지 않아요. 설상가상 둥우리 상자 위엔 성격 드센 꽁지 아줌마까지 떡하니 버티고 앉아 있네요.

육계로 키워져서 몸이 둔한 데다 발까지 절기 때문에 꽁지는 홰대에 못 올라가요. 그래서 꽁지의 잠자리는 언제나 이 둥우리 상자 위랍니다. 꽁지는 병아리들을 아주 싫어해요. 닭장 안에서 병아리들한테 제일 심하게 구는 암탉이 바로 꽁지예요. 병아리들은 꽁지 아줌마만 나타나면 아주 혼비백산을 한답니다.

둥우리는 가득 차 넘치고, 둥우리 위에 자리 잡은 꽁지 아줌마는 아래쪽의 병아리들을 향해 무섭게 쪼아 대고……. 이런 악조건 속에서 짓밟히고 쪼이고 밀리다가 팝콘 터지듯 몇몇 병아리들이 둥우리에서 우수수 떨어집니다.

몸이 아픈 꼬맹이는 작은 날개를 아무리 파닥여도 선반 위의 둥우리에 도저히 오를 수가 없어요. 어쩔 수 없이 꼬맹이는 닭장 바닥의 구석진 곳에 웅크립니다. 며칠째 추운 잠을 자고 난 꼬맹이는 점점 야위고 초췌해져 갔어요. 빨리 걷지도 못하고, 자꾸만 졸았습니다.

그러던 어느 날 밤, 꼬맹이가 사라졌습니다!

밤 사이에 대체 무슨 일이 있었던 걸까요? 꼬맹이는 그 무서운 꽁지 아줌마를 마술처럼 '엄마'로 만들었습니다.

154

어둑어둑한 닭 놀이터와 컴컴한 닭장 안을 구석구석 다 찾아보아도 꼬맹이가 안 보입니다. 다른 병아리들은 여전히 꽃순이 둥우리에 비좁게 몸을 구겨 넣고 있거나, 바깥에 떨어져 나와 구석진 데서 웅크리고 있는데, 유독 꼬맹이만 감쪽같이 사라진 거예요! 그 힘없는 꼬맹이가 날아서 둥우리로 올라갔을 가능성은 '제로'예요. 내 가슴은 불안으로 두망방이질 쳤습니다.

특별한 점은 없어 보였어요. 굳이 달라진 거라면 사나운 꽁지가, 항상 머물던 둥우리 상자 위가 아닌, 웬일로 닭장 바닥에 내려와 자고 있다는 것 정도? 하지만 꽁지는 병아리들한테 아주 사나운 닭이라, 꼬맹이라면 그 근처에도 못 갔을 게 분명했지요.

어쨌든 그렇게 의문 속에 밤은 깊어 갔답니다.

그리고 다음 날 아침.

"으앗! 이게 뭐, 뭔 일이래?"

글쎄 꼬맹이가, 그 무서운 꽁지의 날개 속에 들어가 있는 것 아니겠어요? 엄마와 나는 우리 눈앞의 장면을 도저히 믿을 수 없었어요. 그 밤에, 목숨이 경각에 달려 있던 가여운 꼬맹이와 사나운 꽁지 아줌마 사이에 대체 무슨 일이 있었던 걸까요? 도저히 풀 길

새엄마 '꽁지'는 이제 병아리들을 쪼지 않아요. 그뿐인가요? 어미닭 특유의 새끼 불러 모으는 소리를 내면서 모이를 쪼아 병아리들에게 주고, 쉴 때는 날개 밑으로 불러들입니다.

없는 미스터리예요. 아무리 생각해도 모르겠어요.

꼬맹이는 마술처럼 그 무서운 꽁지 아줌마를 '엄마'로 만들었습니다. 그리고 이 꼬맹이를 따라서, 순둥이의 모든 병아리들이 새엄마에게로 몰려들었어요.

새엄마 '꽁지'는 이제 아이들을 쪼지 않아요. 그뿐인가요? 어미 닭 특유의 새끼 불러 모으는 소리를 내면서 모이를 쪼아 병아리들 앞에 내려놓아 주고, 쉴 때는 날개 밑으로 불러들입니다.

꼬맹이는 완연히 살아났어요! 이제는 눈에 띄게 건강해져서, 형제들과 함께 빠르게 뛰어다니지요. 그리고 놀랍게도, 꽁지는 알 낳기를 중단했답니다. 새끼 키우는 동안에는 알을 낳지 않는 여느 어미닭처럼요.

육계라고 불리던 꽁지. 닭전에서 고기용으로 팔리는 흔하디 흔한 닭. 유전자 조작으로 태어난 탓에 제 몸으로 알을 품을 줄조차 모르는 닭. 그 꽁지가 어쩌다 우리 닭장에 와서 짝짓기도 하고 달걀도 낳고 평화로운 한때를 누리는가 싶더니, 이제는 '엄마'까지 되었습니다!

아, 어디에 숨어 있었을까요? 이렇게 놀라운 엄마의 본능이!

얼룩이의 속셈

 꽁지가 순둥이의 새끼들을 거두고 있는 동안, 꽃순이와 얼룩이는 다시 알 품기에 들어갔답니다.
 "알 낳아 줄 녀석들이 알은 안 낳고 자꾸 자식 욕심만 부리니, 원……."
 엄마가 혀를 끌끌 찹니다.
 병아리는 넘치고 알은 부족한 상황이라, 엄마는 달걀 아홉 개만 허락해 주었어요. 둘이서 알아서 나눠 품으라고요.
 꽃순이와 얼룩이는 날마다 티격태격 알 다툼을 해요. 상대의 배 밑으로 파고들어 알을 부리로 꺼내 제 날개 속으로 집어넣는 일을 몇 번씩 반복합니다. 알들이 꽃순이와 얼룩이 사이에서 왔다 갔다 하는 걸 구경하는 것도 꽤 재미있어요.

꽃순이와 얼룩이는 날마다 티격태격 알 다툼을 해요. 상대의 배 밑으로 파고들어 알을 부리로 꺼내 제 날개 속으로 집어넣는 일을 하루에도 몇 번씩 반복합니다.

그렇게 알 품은 지 일주일째 되던 날, 어처구니 없는 일이 벌어졌어요. 꽃순이와 알 다툼하던 얼룩이가 느닷없이 꽃순이와의 동거 생활을 청산하고, 둥우리를 박차고 나가 버린 거예요. 100일 동안 파와 마늘만 먹고는 도저히 살 수 없다고 동굴을 뛰쳐나간, 그 인내심 부족한 '호랑이'처럼 말이지요. 얼룩이가 가 버리자 알을 혼자 독차지하게 된 꽃순이는 행복한 모습입니다.

그런데, 얼룩이는 어디로 간 걸까요? 알 품기를 아주 포기한

자기가 품던 알은 나 몰라라 내팽개치고는 병아리 나올 날이 임박한 순둥이 곁으로 은근슬쩍 비집고 들어간 얼룩이. 손 안 대고 코 풀려는 속셈이 빤히 보입니다.

걸까요? 그럴 리가요. 얼룩이는 엉뚱하게도 알 품은 지 어느덧 17일째에 접어드는 순둥이의 둥우리로 파고들었답니다.

"아니, 너 왜 거기 들어가 있는 게야? 엉?"

얼룩이 이 녀석, 평소에도 진득한 맛이 별로 없는 성미긴 하지만 그래도 그렇죠. 제가 품던 알을 버리고 남의 집에 불법 침입하다니! 이 무슨 황당한 경우일까요?

순둥이의 둥지를 비집고 들어가 떡하니 자리를 잡고 앉은 얼룩이를 보니 그 속셈이 빤히 보이는 것 같네요.

"21일이나 참기는 힘들고, 병아리는 보고 싶고, 순둥이의 병아리가 깨어날 때가 거의 다 된 걸 알아챈 거니? 설마…… 얼룩아!"

둥우리 상자 테두리에 턱을 괴고 호수 같은 눈망울로 아기들을 기다리는 순둥이 옆에서 음흉한 눈빛으로 머리를 굴리는 얼룩이를 보고 있자니 어이가 없으면서도 웃음이 나와요.

얼룩이가 순둥이 둥우리에 무단 침입한 지 닷새가 지났어요. 드디어 순둥이의 병아리가 깨어나는 날이에요.

엄마 아빠랑 함께 논에 김매기를 하고 돌아온 나는 부리나케 닭장으로 뛰어갔답니다. 병아리들이 둥우리에 언뜻언뜻 보이기 시작했어요. 하지만 순둥이에게 넣어 주었던 일곱 개의 알 중에서 병아리로 깨어난 건 단 세 개뿐이었어요. 네 개는 썩어 버렸답니다. 올여름 무더위가 정말 지독했거든요.

세 개의 알에서는 각기 다른 색깔의 병아리들이 깨어났어요. 노란색, 크림색, 그리고 까만색 병아리. 얼룩이는 순둥이 옆에서 고작 닷새간 알을 품고는 엄마 노릇을 하려 듭니다.

"얼룩아, 좀 뻔뻔하다는 생각 안 드니?"

자식 셋에 엄마 둘. 두 엄마가 쫓아다니며 세 병아리들에게 모이를 쪼아 먹여요. 과잉보호가 따로 없네요.

내가 면박을 줘도 얼룩인 들은 척 만 척 꿈쩍도 안 해요. 아주 당당한 표정이에요.

얼결에 자식 셋에 어미 둘이 되었습니다. 두 개의 어미 머리가 해바라기처럼 병아리들에게로 기울어요. 두 개의 부리가 함께 다투어 모이를 쪼아 먹여요. 과잉보호가 따로 없네요.

볕 좋은 날, 엄마들이 아이들을 이끌고 닭 놀이터로 나들이 나옵니다. 겨우 닷새간 남의 둥우리에 앉아 있다가 얼렁뚱땅 엄마가 된 얼룩이지만, 어쨌든 엄마는 엄마래요.

그래도 진짜 엄마는 순둥이랍니다.

"순둥아, 애썼다!"

빨간밤 치유기

얼룩이가 순둥이의 둥우리로 가 버린 뒤, 꽃순이도 혼자 남아 올해 마지막 병아리들을 깠어요. 아홉 개 알 중에서 여섯 마리의 병아리가 깨어났답니다. 이번 늦여름은 유독 날이 궂었어요. 하루가 멀다 하고 비바람이 불었지요. 닭 놀이터는 비에 젖어 질척거리고, 닭장도 오래도록 눅눅했답니다.

그러다가 오랜만에 햇살이 좀 나자, 얼룩이와 순둥이, 꽃순이는 기지개를 쭉 켜고 아이들을 이끌고 닭 놀이터로 나왔습니다. 그런데 순둥이의 세 아이 중 한 녀석이 좀 이상해요. 나들이를 끝내고 엄마들과 형제들이 자리를 뜨는데도, 고개를 떨군 채 그 자리에 꼼짝 않고 있어요. 가만 보니 한 발로 선 채 졸고 있네요. 몸이 많이 안 좋아 보여요. 막 태어났을 땐 세 병아리들 중 가장 통

얼룩이와 순둥이의 세 아이 중 한 녀석이 좀 이상해요. 엄마와 형제들이 모두 자리를 떴는데도 그 자리에 꼼짝 않고 있어요. 자세히 보니 한쪽 발이 빨개요.

통하고 재빨랐는데, 대체 왜 이렇게 된 걸까요?

상태를 보려고 가까이 다가가니, 퍼뜩 정신이 들었는지 당황하여 닭장 안으로 도망을 가는데, 아, 절뚝절뚝 다리를 심하게 절어요. 자세히 보니 한쪽 발이 빨간 게 어디서 발을 다친 모양이에요.

어미를 잘 따라다니지도 못하고, 모이를 잘 주워 먹지도 못하고, 우르르 몰려다니는 어른 닭들 틈에서 밟히거나 채여 넘어지고…… 빨간 발 아기는 지칠 대로 지쳐 있었습니다. 엄마랑 나는 이때부터 이 병아리를 '빨간발'이라고 부르기 시작했어요.

"엄마, 빨간발이 많이 아픈가 봐요."

엄마는 절뚝거리며 도망가는 빨간발을 조심스레 붙잡아서, 닭똥 묻은 작은 발을 물에 살살 씻기고 아픈 발을 자세히 살폈어요.

"지수야, 구급약 좀 가져와라."

나는 얼른 집으로 뛰어 들어가 구급약들을 가지고 나왔어요. 엄마가 과산화수소수를 병아리 발에 붓자 보글보글 거품이 났어요. 엄마는 상처 부위를 잘 소독하고 연고를 듬뿍 발라 준 후, 빨간발을 다시 닭장 안에 넣어 주었습니다. 해가 기울어 가니 어미 품에서 따뜻하게 쉬는 게 나을 것 같아서요.

다음 날, 빨간발이 궁금해서 아침 일찍 눈뜨자마자 닭장으로 갔어요. 빨간발은 모이를 쫄 힘도 없는지 혼자 모이통 아래 가만 웅크리고 있었어요. 어미닭들과 다른 병아리들은 모두 아침 모이를 먹느라 분주한데 말예요.

"더 두고 볼 수가 없구나."

엄마는 닭장 안으로 들어가서 모이통 아래 있는 녀석을 손으로 슬며시 붙잡았어요. 깃털처럼 힘없이 들리는 빨간발을 보고 있으려니 내 마음은 너무나 아팠어요.

이대로 두면 오늘을 못 넘길 것 같다면서, 엄마는 종이 상자로 따뜻한 병실을 만들었어요. 빨간발을 '상자 병실'에 입원시키고 다시 한 번 아픈 발을 소독해 준 뒤, 동물 약품점에서 사 온 항생제 가루를 약간 풀어서 마실 물을 마련해 주었습니다. 하지만 빨간발은 입도 대지 않아요. 애가 탄 엄마는 빨간발을 붙잡아 안고 약이 든 물을 조심조심 부리 안으로 흘려 넣어 주었습니다. 빨간발은 마지못해 몇 모금인가 받아 마셨죠.

얼마 후 나는 빨간발이 궁금해서 상자 병실에 다시 가 보았어요. 그런데 이게 웬일이에요? 빨간발이 종이 상자 테두리에 올라

종이 상자로 만든 따뜻한 '상자 병실'에 빨간발을 입원시키고 치료해 주었어요.

낯선 곳에 혼자 갇혀 있으니 자꾸 나가고 싶어 해요. 상자 윗부분에 매달렸어요.

앉아 있는 게 아니겠어요? 백열등 철망 갓을 타고 기어 올라온 거예요. 조금 기운이 났나 봐요. 하지만 밥은 입에도 안 댔어요. 어미 없는 낯선 환경에 혼자 갇혀 있으니 밥맛이 없기도 했겠지요.

"조금만 더 참아라." 하고는 다시 종이 상자 아래로 내려 주었더니 가냘프게 울어요. 자꾸 나가고 싶어 해요. 엄마 품이 그리운가 봐요.

나는 엄마한테 말해서 빨간발의 병실을 닭장 안으로 옮겨 주었

작은 철망 울타리를 쳐서 병실을 닭장 안에 만들어 주었어요.

빨간발은 따뜻한 전구 아래에서 천천히 모이를 쪼아 먹기 시작했어요.

어요. 익숙한 닭장 안에서 엄마와 형제들을 바라보면 심리적으로도 안정을 찾지 않을까 싶어서요.

따뜻한 백열전구를 닭장 안으로 끌어들이고 작은 철망 울타리를 쳤어요. 닭 놀이터에 나가 떨지 말고 따뜻한 전구 근처에 머물도록, 다른 닭들에게 치이지 않고 천천히 모이를 먹을 수 있도록 말이에요.

얼룩이가 아이 문병을 왔어요. 빨간발은 처음엔 엄마를 따라

빨간발은 문병 온 얼룩 엄마를 따라 나가고 싶어 가냘프게 울었지만, 엄마 가까이 있어 마음이 편한지 차츰 모이에 관심을 보이기 시작해요.

나가고 싶어 가냘프게 울었지만, 그래도 낯익은 공간이라 마음이 편했는지 차츰 모이에 관심을 보이기 시작했어요. 빨간발이 모이를 톡톡 쪼아 먹는 걸 보고서야 나는 비로소 맘이 놓였습니다.

빨간발은 모이 조금, 물 몇 모금 목에 넘긴 후, 쉴 때는 꼭 따뜻한 백열전구 아래에 가서 앉아요. 몸이 알아서 그렇게 시키나 봐요. 빨간발은 이렇게 하루를 닭장 안 병실에서 보낸 후, 밤에는 어미 품으로 들어가 깊이 잤답니다.

다시 아침이 밝았어요.

닭장으로 나가 보니, 닭 놀이터 한쪽에 빨간발이 두 다리로 서 있네요! 한결 나아진 것 같아 안도의 한숨을 내쉬었답니다. 휴우.

그래도 아직은 회복기라 엄마 품이 필요해요. 활달한 두 형제는 호기심 어린 눈으로 이곳저곳 바쁘게 돌아다니느라 어미 품에 거의 들어가지 않지만, 빨간발은 얼룩이의 널찍한 품으로 들어가 휴식을 취합니다.

얼룩이의 품도 꽃순이 못지않은 '치유의 능력'을 지니고 있나 봐요. 얼룩이의 품에서 쉬고 난 빨간발은 눈에 띄게 좋아졌어요.

얼룩이의 품도 꽃순이 못지않은 '치유의 능력'을 지니고 있나 봐요. 얼룩이의 품에서 쉬고 난 빨간발이 눈에 띄게 좋아졌어요. 두 발로 우뚝 서 있는 거 보이지요?

발의 염증도 거의 다 나았답니다. 다리를 약간씩 절면서도 참새처럼 깡총깡총 뛰어다녀요. 아! 다행이다! 빨간발도 그렇고 나도 그렇고, 이제 좀 살겠어요.

꼬집이 수난사

가지 많은 나무에 바람 잘 날 없다더니, 식구가 부쩍 늘어나자 닭장에서는 사건 사고가 끊이지 않아요. 비바람이 심하게 몰아치던 밤이 지나고 다음 날 아침, 닭장을 둘러보러 나간 아빠가 깜짝 놀라 엄마를 불렀어요. 닭 놀이터 한가운데, 마치 물속에 푹 담갔다 꺼낸 것처럼 흠뻑 젖은 까만 병아리가 눈을 감은 채 덜덜 떨고 서 있었던 거예요. 다른 닭들은 모두 보송보송한 마른 몸인데, 대체 얘한테 무슨 일이 일어난 걸까요?

무슨 이유에선지는 모르지만, 쏟아지는 빗줄기 속에서 혼자 밤을 꼴딱 샜던가 봐요. 닭들은 어두워지면 활동을 거의 못하는데, 그 밤에 병아리를 닭장 안에서 뛰쳐나오게 만든 건 대체 무엇이었을까요? 혹시 쥐? 닭장 안까지 들어갈 수 있는 짐승이라면 쥐

밖에 없는데 말이죠.

 엄마는 저체온증으로 숨넘어가기 직전이던 병아리를 따뜻한 전등 아래 몸을 말려 주고 만 하루 동안 모이와 물을 따로 주면서 지켜보았어요. 엄마의 지극정성으로 까만 병아리는 겨우 살아났답니다. 그때의 몰골이 얼마나 꼬질꼬질했는지, 우리는 그 애한테 '꼬질이'라는 이름을 지어 주었어요.

 그런데 슬프게도 꼬질이의 수난은 여기서 그치지 않았어요.

 가을 초입에 때 아닌 태풍이 몰려왔어요. 태풍이 온다는 소식을 듣고 엄마는 비설거지*를 하기 위해 닭장으로 나갔다가, 그만 "악!" 소리를 지르고 말았습니다. 그동안 닭장에서 벌어지는 수많은 일들에도 항상 침착하던 엄마가 이렇게 비명을 지르긴 처음이었어요. 나는 깜짝 놀라 엄마에게로 뛰어갔어요.

 "엄마, 무슨 일이에요?"

 "아이고, 이게 대체 뭔 일이라니! 꼬질이가……."

 엄마는 닭장 안으로 들어가더니 도망가는 꼬질이를 겨우 붙잡아서 데리고 나왔습니다.

---

*비에 맞지 않게 물건들을 치우거나 덮는 일

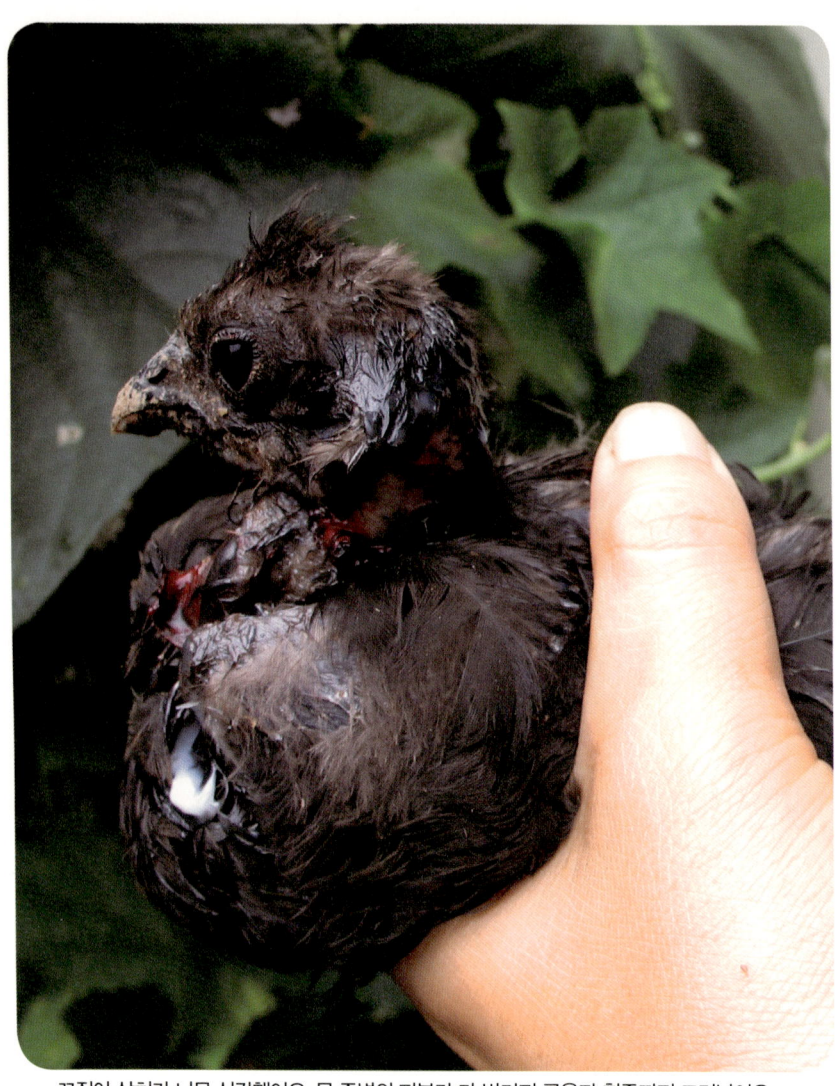

꼬질이 상처가 너무 심각했어요. 목 주변의 피부가 다 벗겨져 근육과 힘줄까지 드러났어요. 차마 눈뜨고 볼 수가 없네요.

"으아!" 이번엔 내가 소리를 질렀어요.

꼬질이 상처가 너무 심각했어요. 목 주변의 피부가 다 벗겨져 근육과 힘줄까지 드러났어요. 차마 눈뜨고 볼 수가 없었어요.

쥐가 한 짓이 틀림없었어요.

"이놈의 쥐새끼 그냥!"

엄마는 화가 단단히 난 모양이에요. 나도 어금니가 '빠드득' 갈렸어요.

언젠가 텔레비전에서 봤는데, 쥐들은 닭장 안으로 몰래 숨어들어가 어린 병아리뿐 아니라 어른 닭도 공격한대요. 캄캄한 한밤중에 닭의 항문을 살살 갉는 거예요. 그러면 닭은 피하지도 못하고 그 자리에서 꼼짝없이 당한다지요. 생각해 보니 꽃순이도 우리 닭장에 오기 전, 쥐의 공격으로 남편 닭을 잃었다고 했어요. 정말 쥐란 놈은 엄청 음흉하고 무서운 놈이네요. 쥐에 비하면 닭은 어둠 속에서 너무나 무기력하고요.

엄마는 꼬질이의 목에 소독약을 붓고, 연고를 짜서 발라 주었어요. 손상 부위가 너무 넓어서 연고를 바르기도 쉽지 않았어요. 그런 다음 집 안으로 데리고 들어와 종이 상자 병실에 입원시키고, 항생제를 섞은 물과 모이를 넣어 주었습니다. 밤새 태풍이 무섭게 휘몰아치던 날, 꼬질이는 고요하고 따뜻한 집 안에서 쉬었어요.

다음 날 아침, 엄마는 한 번 더 꼬질이를 소독하고 약을 발라 주었어요. 첫날엔 절망적이더니 조금씩 희망이 보여요. 무엇보다 이 녀석의 눈망울이 초롱초롱한 게 반드시 살 것 같아 보였지요.

꼬질이는 상처가 아물면서 식욕이 살아났는지, 간식으로 넣어 준 토마토 반 개도 맛있게 먹어 치우더니, 엄마가 파리채로 탁탁 쳐서 잡아 준 파리들도 넙죽넙죽 잘 받아먹었어요.

나는 꼬질이 몸보신하라고 밭에 나가서 섬서구메뚜기를 여러 마리 잡아 왔어요. 펄쩍펄쩍 뛰어다니는 걸 상자 안에 넣어 줬는데, 꼬질이는 한 마리도 놓치지 않고 잽싸게 잡아채서 맛있게 '냠냠 쩝쩝' 잘 먹어요. 이 정도 컨디션이면 이제 닭장으로 돌려보내도 되겠다 싶어요. 하지만 아직은 회복기라 집에서 하룻밤 더 재웠답니다.

사흘째 되는 날, 꼬질이는 닭장으로 돌아갔습니다.

꼬질이는 주로 꽃순이 주변을 맴돌아요. 꼬질이를 품어 준 건

집 안으로 데리고 들어와 종이 상자 병실에 입원시키고, 항생제를 섞은 물과 모이를 넣어 주었습니다.

첫날엔 좀 절망적이었지만, 점차 희망을 가질 수 있었어요. 녀석의 눈망울이 초롱초롱한 게 반드시 살 것 같아 보였거든요.

꼬질이는 상처가 아물면서 식욕이 살아났는지, 간식으로 넣어 준 토마토 반 개도 맛있게 먹어 치웠어요.

꼬질이 몸보신하라고 섬서구메뚜기를 여러 마리 잡아 왔어요. 꼬질이는 잽싸게 잡아채서 맛있게 잘 먹어요.

꼬질이의 상처가 많이 아물었어요. 머리와 목 부분 깃털이 다소 흉물스럽게 벗겨져 있지만, 횃대에 당당하게 서 있는 꼬질이는 마치 작은 대머리독수리 같아 보여요.

순둥이와 얼룩이였지만, 지금 그 두 엄마들은 꼬질이를 돌봐 주지 않아요. 하지만 꽃순이는 따뜻하게 품어 준답니다. 메뚜기를 잡으면 톡톡 부리로 쪼개서 제 자식 남의 자식 안 가리고 나눠 줘요. 잘 때도 다른 병아리와 마찬가지로 꼬질이를 가까이 품어 주고요.

꼬질이의 상처는 많이 아물었어요. '파다닥' 뛰어 작은 횃대에 오르더니, 급기야 높은 횃대까지 거뜬히 날아 올라갑니다. 머리와 목 부분 깃털이 다소 흉물스럽게 벗겨져 있지만, 횃대에 당당하게 서 있는 꼬질이는 마치 작은 대머리독수리 같아 보여요.

빗줄기 속에서 밤을 새우고 죽음 문턱까지 가더니, 쥐한테 목을 뜯기고도 이렇게 거뜬히 되살아났으니, 꼬질이는 혹시 닭이 아니라 불사조가 아닐까요?

그래, 꼬질아!
너는 이제부터
꼬꼬닭장을 지키는
독수리닭!

늙어 가는 오골이와, 오골이의 딸 오골 2세.

사랑하고 늙어 가네

 엄마가 그러는데요, 부모가 자식 사랑하는 건 어찌 보면 자연스런 '품앗이'래요. 생명을 가진 것들은 다 그렇게 '내리사랑' 품앗이를 한대요. 부모에게 받은 큰 사랑 다 갚지 못해서 자식한테로 내려보내고, 자식은 그 사랑, 또 자기 자식에게로 내려보내고……. 줄 때 되받으려는 계산 안 하는 '사랑 품앗이'래요.
 어미닭이 병아리를 품어 키우고, 기대하지 않고 떠나 보내고, 또 품어 키우다가 어느덧 늙어 가는 것도 엄마가 말한 사랑 품앗이와 다르지 않겠죠?
 내가 예뻐했던 소녀 닭 졸졸이와 귀여니. 우리 닭장에서 지낸 지 가장 오래된 이 닭들도 이제 늙어서 할머니닭이 되어 가고 있어요. 졸졸이와 귀여니는 알 품어 병아리를 키우는 어미닭은 못 되었지만, 수탉과 짝짓기를 해 유정란을 낳아 준, 병아리들의 생모들이지요.

알 품고 병아리 키우느라 바빴던 꽃순이와 얼룩이와 순둥이는 깃털이 매끈한데, 졸졸이와 귀여니는 힘든 짝짓기를 감당하느라 많이 늙어 버렸습니다.

알만 낳아 준 닭들, 꽁지와 꼬꼬와 오골이도 잦은 짝짓기 때문에 깃털이 많이 상했어요. 꼬꼬닭장에 처음 올 때만 해도 대담한 펑크스타일 신세대 닭이었던 오골이는 앞머리가 왕창 뽑혔고, 꽁지와 꼬꼬의 빛나던 깃털도 푸석하고 초췌해졌어요.

귀여웠던 병아리 시절은 누구에게나 있지만, 언제까지 병아리로 멈춰 살 순 없겠죠. 이렇게 자연스럽게 성장하고, 사랑하다 늙어 가는 것도 괜찮아 보여요.

어른으로 성장해 보지도 못한 채 태어난 지 겨우 30일 어린 나이에 닭고기로 팔리는 육계들도 있고, 태어나 한 번도 흙을 밟아 보지 못하고 비좁은 철망 안에서 쉴 새 없이 알만 낳다가 짧은 생을 끝마치는 닭들도 있는데, 그래도 우리 암탉들은 한 생애를 닭답게 살면서 자기를 닮은 새 생명도 남겼으니 나름 행복했을 거

늙어 가는 암탉들에게서 새 생명을 이어 받은 어린 병아리들은 제 부모와 꼭 닮은 모습으로 아주 예쁘게 자랐답니다.

작은 병아리들이 이렇게 자라나다니. 세월이 빠르다는 말을 이제야 알겠어!

라 믿어요.

늙어 가는 암탉들에게서 새 생명을 이어 받은 어린 병아리들은 제 부모와 꼭 닮은 모습으로 아주 예쁘게 자랐답니다.

가을이 깊어갑니다.

어엿한 청년이 된 우리 봄병아리 수탉들은 모두 친환경 유정란을 생산하는 농장으로 장가를 갔어요. 농장에 새로 시집온 젊은 암탉들이 아주 많다니, 우리 새신랑 수탉들이랑 서로 잘 맞겠죠? 멋진 오골 수탉들도, 마음 여린 무녀리 총각도 잘 성장하여 장가 갔답니다. 정들었던 아이들을 마음 놓고 보낼 곳이 있어서 참 다행이에요.

수탉 총각들이 떠나자마자, 봄병아리 처녀 닭들은 첫 알(초란)을 낳았어요. 아주 자그맣고 귀여운 알을요. 꽃순이와 얼룩이가 함께 키운 봄병아리 딸들의 '첫 작품'이지요. 이 세상에 달걀이 많고 많지만, 난 이렇게 예쁜 달걀은 본 적이 없다니까요.

엄마들과 딸들이 함께 몸 부비고 사는 꼬꼬닭장에 겨울이 지나가고 새봄이 오면, 딸들은 또 파릇한 봄기운으로 엄마가 되어 알을 품고 병아리를 돌보며 내리사랑 품앗이를 시작할 테죠. 그렇게 행복한 엄마닭이 되어 행복한 병아리들을 키우고, 또 느긋한 할머니닭이 되어 행복하게 늙어 갈 거예요.

우리 집 행복한 꼬꼬닭장에서.

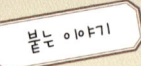

어느 따스한 봄날 오후, 학교 교문을 막 나서던 아홉 살 희야의 귀에 "삐익- 삐익-" 가냘픈 울음소리가 들려왔어요. 돌아보니 교문 옆 담벼락에 기대 선 어떤 아주머니의 발치에 놓인 종이 상자에서 나오는 소리예요.

"와아! 병아리다!"

종이 상자 주변으로 동무들이 앞다투어 몰려들었어요. 희야도 동무들 틈에 끼었어요. 상자 안에는 솜털이 보송보송한 노란 병아리들이 손톱만 한 날갯죽지를 파닥이며 꼼지락거리고 있어요. 아주머니가 좁쌀을 한 줌 쥐고 상자 안에 휙 흩뿌리자 병아리들은 "삐약 삐약" 목청을 높이며 재빨리 쪼아 먹어요. 희야는 넋을 놓고 병아리들을 들여다보았어요. 그렇게 곰실곰실 귀여운 아가들은 처음이었어요.

"와! 귀엽다. 이 병아리 얼마예요?"

아이들이 물었어요.

"두 마리에 오십 원이다." 주인 아주머니가 대답했지요.

몇몇 아이들이 코 묻은 동전을

188

호주머니에서 꺼내자 아주머니는 구멍 뚫린 조그만 상자에 병아리를 담아 주었어요. 돈이 없는 아이들은 부러운 눈길로 친구의 병아리를 쳐다보았고요. 희야는 치마 호주머니를 탈탈 털어 보았어요. 마침 공책 사고 남은 동전들이 있어요. 희야는 아주머니한테 십 원짜리 다섯 개를 세어서 건넸습니다. 그리하여 앙증맞은 노란 병아리 두 마리가 희야의 손으로 건네졌답니다.

"쯧쯧, 뭣하러 이런 걸 사 와. 이런 병아리들은 금세 죽는다."

병아리를 품에 안은 채 집에 가자, 할머니가 못마땅한 듯 혀를 찼어요.

"크면 달걀 많이 낳아 줄 거예요."

희야는 쓸데없는 짓을 했다고 야단맞을까 봐 다급히 변명했어요.

"그것들 다 장닭이야."

할머니는 학교 앞에서 파는 병아리는 다 장닭(수탉)이라고 했어요. 희야는 속으로, 그건 아직 알 수 없는 거라 생각했습니다.

희야는 할머니가 주신 라면 상자에 병아리들을 담아 방 안의 윗목 머리맡에 두고, 좁쌀과 물을 갈아 주며 밤낮으로 들여다보았어요. 할머니가 "손 타면 죽는다"고 하셔서 병아리들을 만지지도 않았어요. 하루 이틀 지나자 병아리들은 잘 먹지 못하고 꾸벅꾸벅 졸았어요.

희야는 애가 탔어요. 사흘째 되는 날, 결국 한 마리가 쓰러졌습니다.

"거봐라. 이런 병아리들은 틀림없이 죽는다고 했잖냐." 할머니가 한마디 하셨어요. 죽은 병아리는 차디차고 딱딱했어요. 처음에 집에 데려왔을 때는 그토록 따스하고 보드라웠던 작은 몸이……. 희야는 울음을 참고, 두 손으로 죽은 병아리를 받쳐 들고 마당으로 내려가 감나무 아래 흙을 파고 묻어 주었습니다.

남은 병아리마저 떠날까 봐 희야는 조마조마했어요. 엄마의 장롱 서랍을 뒤져 베개 솜을 찾아내 병아리 이불로 넣어 주었고, 아침이면 모이와 물을 갈아 준 후 학교에 갔어요. 학교 갔다 돌아오면 병아리부터 들여다본 후 숙제를 했답니다. 잠자기 전에는 이불 위에 납작 엎드려, 우리 병아리 꼭 살려 달라고 하느님한테 기도도 열심히 했지요. 혼자 남은 병아리는 다행히 위기를 넘기고 씩씩하게 살아났어요.

병아리 이름은 '꼬꼬'라고 지었어요. 꼬꼬는 어느새 라면 상자를 훌쩍 뛰어나와 방 안을 돌아다녔어요. 할머니의 이불 위에 닭똥을 싸는 말썽을 피운 후엔 마당으로 내쫓겼지요. 하지만 꼬꼬한텐 아주 잘된 일이었어요. 따뜻한 여름날, 온 마당을 활개 치며 자유롭게 돌아다닐 수 있게 되었으니까요. 몇 달이 지나자 꼬꼬의 볏은 붉고 커졌어요. 할머니

말씀이 맞았어요. 꼬꼬는 장닭이었던 거예요.

꼬꼬는 희야를 엄마처럼 따랐어요. 희야가 학교 갈라치면 대문 앞까지 따라 나왔고, 학교에서 돌아온 희야가 대문 여는 소리만 들려도 '후다닥' 날개를 퍼덕이며 발이 안 보이도록 뛰어왔어요.

"꼬꼬! 꼬꼬야!"

희야가 부르면 꼬꼬는 어디에 있든지 몇 초 만에 희야 앞까지 달려왔어요.

"꼬꼬! 이리 와."

희야가 감나무 아래 놓인 긴 나무 의자에 앉아 옆자리를 탁탁 손으로 치면, 꼬꼬는 폴짝 뛰어올라서 희야 가까이 바짝 다가왔어요.

"꼬꼬, 앉아."

희야가 꼬꼬 등을 지그시 누르면 꼬꼬는 조용히 엎드려 희야가 일어설 때까지 움직이지 않았어요. 때론 그 자세 그대로 엎드린 채 눈꺼풀이 스르르 감겨 잠들기도 했지요. 희야는 꼬꼬와 함께 감나무 아래 긴 의자에서 보내는 그 조용하고 평화로운 시간이 좋았어요.

초가을이 되자 꼬꼬는 아주 꼿꼿하고 자존심 강한 멋진 수탉이 되었어요. 붉은 볏은 더욱 아름답게 늘어졌고 청동빛 꼬리 깃털 역시 길어졌어요. 신새벽에는 목청을 돋우며 울기 시작했고요.

그 무렵, 시집간 희야의 큰언니가 아기를 가졌다는 소식이 들려왔어요. 내년 봄에 아기를 낳게 될 거라고 했어요.

"우리 희야가 드디어 이모가 되는구나."

어른들이 흐뭇하게 웃으셨어요. 희야는 실감이 나지 않았어요.

어느날, 아버지가 희야를 부르셨어요.

"우리 희야."

"예, 아버지."

"큰언니가 아기를 가졌는데 몸이 약해서 걱정이다."

"……."

희야는 좀 이상하다 생각했어요. 어린 희야를 불러 놓고 큰언니 걱정을 하시니 말이에요. 영문을 몰라서 희야는 잠자코 듣고 있었어요.

"음……. 그래서 말인데, 장닭을 잡아 큰언니 몸보신을 시켜 주면 좋겠는데……."

희야의 작은 가슴이 덜컹 내려앉았어요.

"아…… 아버지……."

"네가 키우고 정도 많이 준 건 알지만, 그래도 닭은 닭이야. 닭을 언제까지고 계속 키울 수는 없어."

"아버지…… 안 돼요……."

"짐승은 사람이 잡아먹으라고 있는 거다. 너무 정을 많이 들여도 안 좋아."

희야의 눈앞이 뿌옇게 흐려지더니, 두 눈에서 눈물이 주르륵 흘러내렸어요.

"그렇게 하자."

"안 돼요…… 아버지…… 안 돼요……."

그러자 아버지께선 준엄하게 꾸짖는 듯한 음성으로 이렇게 물으셨어요.

"희야, 넌 닭이 중하냐, 큰언니가 중하냐?"

아! 뭐라 대답해야 할지 몰라 희야의 머릿속은 마구 헝클어졌어요. 희야는 큰언니를 사랑해요. 큰언니는 막내인 희야를 언제나 아껴 줬어요. 환히 웃는 큰언니의 얼굴……. 그리고 뒤이어, 학교 갔다 오면 맨 먼저 반갑게 날갯짓하며 뛰어오던 사랑스런 꼬꼬의 얼굴.

"누가 중해? 응?"

아버지가 다그치듯 또 물으셨어요.

희야는 "와앙!" 울음을 터뜨리고 말았어요.

"큰언니요. 어허허엉……. 엉엉엉!"

이로써 모든 결정이 나고 말았어요.

그러나 희야는 알 수 없었어요. 희야가 큰언니를 좋아한다는 사실이 왜 희야의 닭을 잡아야 하는 이유가 되는지, 왜 그것이 양자택일의 문제인지 희야는 끝내 이해하지 못했어요.

마당에서 할머니가 꼬꼬를 잡는 소리가 들려요. 꼬꼬가 "꽤액-꽤애액-" 비명을 질러 대요. 캄캄한 절망과 두려움 속에서 애타게 희야를 찾고 있어요. 희야는 두 손으로 귀를 틀어막고 솜이불을 뒤집어 쓴 채 대성통곡을 했어요. 마음에서 피가 흐르는 것만 같았어요.

희야는 그렇게 꼬꼬를 떠나보냈답니다. 그리고 그날부터 닭고기는 쳐다보지도 않게 되었어요.

* * *

눈치챘나요? 희야는 바로 이 글을 쓰고 있는 아줌마의 어렸을 적 이름이에요. 희야가 어린 시절을 보냈던 1970년대는 평범한 서민들에게 닭고기나 돼지고기가 아주 귀했던 시절이에요. 명절 선물로는 달걀 한 줄(10개)이 보통이었고, 날갯죽지를 묶은 토종닭 한 마리면 아주 큰 선물에 속했답니다. 도시의 일반 가정집에서도 개나 닭 같은 동물을 길러서 적당히 자라면 잡아먹는 게 지극히 자연스러웠어요. 희야의 아버지도 실용적인 생각을 가진 평범한 분이셨어요. 막내딸 희야를 무척 사랑하셨고, 닭을 향한 희야의 마음도 잘 아셨지만, 알도 낳지 못하는 수탉을 계속 키운다는 건 당시로선 매우 부담스러운 일임에 틀림없었을 거예요.

꼬꼬를 잃은 후 어린 희야는 마음속에서 '닭'이나 '꼬꼬' 같은 이름을 박박 지워 버렸어요. 어렸을 땐 닭고기만 보면 토할 것 같았지만, 어른이 된 후엔 다행히 무덤덤해졌죠. 하지만 개든 닭이든 어떤 동물에게도 정을 주지 않으려 했어요. 마음의 상처가 커서 그랬겠지만, 진짜 속마음까지 그랬을까요?

어느덧 자라 희야는 한 아이의 엄마가 되었어요. 희야 아줌마가 닭을 키우기로 결심한 건 아들 지수에게 좋은 달걀을 먹이고 싶어서였어요. 단지 그 이유뿐이었어요. 그런데 닭을 키우는 동안 아줌마는 자신도 모르는 새 까마득히 잊고 있었던 옛 친구 꼬꼬를 다시 만난 어린 희야가 되어 버렸어요. 오래전 솜이불을 뒤집어쓰고 울던 아홉 살 희야가, 아직도 아줌마 마음속에서 눈물을 글썽이고 있었나 봐요. 날개 퍼덕이며 달려오던 옛 친구 꼬꼬도요.

이제 희야 아줌마는 시골집 닭장에서, 잃어버린 꼬꼬 친구를 새로이

만나고 있어요. 아줌마의 아들 지수는 동그란 달걀에서 어린 꼬꼬들이 깨어나고 자라고 다시 엄마닭 아빠닭이 되는 과정을 매일같이 지켜보며, 거의 '꼬꼬 박사'가 되어 가고 있고요. 또 닭장의 터줏대감인 어미닭과 병아리들은 하루하루 잘 먹고 잘 놀고 잘 자고, 알 잘 낳고 병아리 잘 까고 흙 목욕도 잘 하면서, 닭의 한 생애를 한껏 즐기고 있답니다.

꼬꼬닭장 이야기, 재미있었나요?

책을 읽는 동안 몸에서 꾸리꾸리한 닭똥 냄새가 나는 것 같진 않았어요? 호호호.

3년째 닭들과 눈 맞추며 살다 보니 희야 아줌마는 이제 닭들의 몸짓과 표정만 봐도 뭘 원하는지 느낄 만큼이 되었어요. 가만! 생각해 보니 희야의 아버지께서 그때 희야랑 꼬꼬랑 평생 살게 허락해 주셨더라면, 누가 알아요? 희야가 일찌감치 동물행동학자의 길을 걷게 되었을지? 어쨌든 제인 구달이나 다이앤 포시 같은 '동물행동학자'들이 침팬지나 고릴라를 연구하여 발표한 내용은 많이 알려졌지만, 아직 닭이나 소나 돼지 행동학 논문 같은 건 없는 것 같죠? 개나 고양이처럼 모두 우리에게 친근한 동물인데도 말예요.

닭은 우리에게 알을 낳아 주고 심지어 고기까지 주는 고마운 동물이지요. 오랜 세월 동안 닭들은 사람과 함께 살아왔어요. 그런데 닭의 역사를 통틀어 볼 때, 지금만큼 끔찍하게 힘든 시기가 또 있었을까 싶어요. 요새 사람들은, 몸을 돌릴 수도 없는 비좁은 철창에 닭을 가두고는 과다 약물 투여와 부리 자르기의 고통, 강제 털갈이와 잔인한 도살을 선물로 돌려주고 있답니다. 닭을 살아 있는 생명이 아니라 프라이드치킨과 치킨버거의 값싼 원료, 계란을 뽑아내는 무감각한 기계로 취급하기 때문이지요.

자식을 헌신적으로 키우는 어미닭, 무리를 보호하는 당당한 수탉, 흙 마당을 명랑하게 뛰어다니는 어린 병아리들을 보면, 사람의 입맛을 위해 식품 재료로 존재하기 이전에, 자기에게 주어진 생애를 자유롭고 행복하게 살아갈 권리가 모든 생명에게 있다는 걸 마음 깊이 느낄 수 있어요. 희야 아줌마는 이런 닭들에게, 동물행동학 논문까지는 아니더라도 한 생명으로서의 존중과 감사를 전하는 게 마땅하다고 여겨요.

아줌마는 동물을 좋아하기도 하지만, 또 뭔가를 들여다보고 관찰하고 배우고 기록하는 걸 참 좋아해요. 농사를 짓고 개와 닭을 키우면서 닭들의 사진을 찍고 생활사를 기록해 온 것도, 누가 시켜서가 아니라 그냥 스스로 재미있어서 한 일이랍니다. 그렇게 닭들이랑 놀다 보니 어느새 글과 사진이 어우러진 '닭 다큐멘터리' 비슷한 게 만들어졌어요! 아줌마가 만약 캠코더 다루길 좋아했더라면 동영상 다큐멘터리를 만들었을 텐데!

　희야 아줌마의 아들 지수도 동물 친구들을 참 좋아해요. 우리 닭들의 성격과 행동에 대해서라면 이 아줌마보다 더 많은 정보를 가지고 있을 정도랍니다. 여러분들도 동물 좋아하지요? 여러분이 만약 애완동물을 키우고 있다면, 동물 친구들의 행동과 마음을 잘 들여다보세요. 서로 말이 통하지는 않더라도 마음을 이해하는 건 얼마든지 가능하답니다. 상대의 입장에 서서 헤아려 보면 다 알 수 있어요. 강아지든 고양이든 이구아나든 앵무새든, 쉽게 저버리지 말고 오래도록 마음 통하는 친구가 되어 주세요.

　아참, 그리고 가능한 한 행복한 닭들이 낳은 행복한 달걀을 먹어 주시길! 여러분이 어떤 달걀을 선택하느냐에 따라 이 땅의 닭들이 어떤 환경에서 길러지느냐가 결정된답니다. 아셨죠?